後悔しないための
マイホーム購入術

株式会社アドキャスト 代表取締役
藤森 哲也

はじめに

　不動産業界に身を置いて早28年。23歳で不動産仲介会社に入社し、9年間で1,000件以上の契約に携わってきました。

　私はどちらかと言うと、いわゆる「不動産屋さん」らしくないのが持ち味で、押し売りはせず、お客様に納得していただいてから契約を結ぶスタイルを貫いてきました。そのため、多くの成約をいただき、また、多くのお客様からご紹介をいただくこともできました。

　しかし、現場では常に様々なトラブルに直面していました。「金利が上昇して支払いができない！」「こんな税金がかかるなんて知らなかった！」「家の前にゴミ置き場があって掃除が大変！」「台風で家が水没した！」「雨漏りやシロアリ被害があった！」「近所に困った人が住んでいる！」「こんなはずじゃなかった！」などなど……。

　不動産取引で定められている法律の範囲内で誠実に説明して取引を行っていても、このようなトラブルは後を絶ちませんでした。

　私は30歳を過ぎたときに、300名程度の会社の役員に抜擢されました。しかし、いくら年収や役職が上がっても心のモヤモヤは消えず、度重なるトラブルに対し悶々とした日々を送っていました。

　そんなある時、米国の不動産会社は社会的に高く評価され、尊敬を集めているという話を耳にしました。調べ

てみると、米国ではライセンス制が敷かれており、不動産取引の資格免許がないと不動産業に携われないという事実を知りました。

一方、日本では宅地建物取引士という資格はありますが、5人に1人資格保持者がいれば良いというルールなので、言い換えれば、ほとんどの人は免許がなくても仕事ができるという状況です。なるほど、これでは「日本の不動産業者」＝「セールスマン」というイメージが定着してしまうのも無理はありません。

私は、不動産仲介業は本来、非常に責任が重く、格式高い業界であるべきだと考えていました。だからこそ、自ら「不動産業界を健全で尊敬される業界にしよう！」と決意したのです。そして31歳で勤めていた会社を退社し、紆余曲折を経て、当社アドキャストを起業するに至りました。

お客様には「知識武装」していただくために、無料の住宅購入セミナーを毎月開催しています。予算については、専門のFP（ファイナンシャルプランナー）がライフプランシミュレーションを無料で作成し、住宅ローンの選別はプロのコンサルタントに相談できる体制を整えています。

土地を購入する場合は複数の建築会社とコンペを行い、中古物件を購入する前には「建物診断」を実施しています。また、契約前に独自の近隣調査報告を行い、重要事項説明は契約の前日までに行うなど、お客様にとって安心・安全な取引を心がけています。

さらに、購入後は確定申告セミナー、5年ごとの住宅ローン見直しサービス、生命保険の見直しサービスなど、アフターフォローも充実させています。

このようなコンサルティング型の不動産仲介会社を日本の不動産仲介のスタンダードにしていこうと、日々努力を重ねてきました。おかげさまで、東京都内に13店舗（2025年2月時点）を展開するまでに成長し、多くのお客様から支持をいただき、さらにお友達をご紹介いただけるまでになりました。

しかし、起業当初のビジョンである「不動産業界の健全化、誇れる業界にしよう」という願いは、今現在も業界全体に浸透しているとは言えません。

そこで、私の28年間の経験とノウハウを、この本を通して少しでも多くの消費者の皆様に伝え、住宅購入の注意点や重要な部分を理解してもらいたいと思います。

さらに、この本をきっかけに住宅購入をする際は「不安」ではなく「楽しさ」や「喜び」を感じていただきたいと思い、筆を執りました。

2025年 株式会社アドキャスト 代表取締役
藤森　哲也

CONTENTS 後悔しないための マイホーム購入術

はじめに ・・ 1

1章 資金計画の立て方

① 頭金はいくら必要なの？ ・・・・・・・・・・・・・・・・・・ 14
- 自分の収入に合った住宅ローン返済額なのか？ ・・・・・ 14
- もしもの時はどうする？ ・・・・・・・・・・・・・・・・・・・・・・ 15
- 借りられるだけ借りていい？ ・・・・・・・・・・・・・・・・・・ 15
- 残債割れは550万円、預金は200万円。
  売るに売れない中古物件 ・・・・・・・・・・・・・・・・・・・・・・ 16
- 安全なローンの考え方とは？ ・・・・・・・・・・・・・・・・・・ 16

② いくらまで借りられるの？ ・・・・・・・・・・・・・・・・ 18
- 基準は年収に対する返済負担率 ・・・・・・・・・・・・・・・・ 18
- 会社員と法人代表（自営業者）の違いとは？ ・・・・・ 19
- クレジットカードの使いすぎに注意 ・・・・・・・・・・・・ 20

③ 金利タイプとは？ ・・・・・・・・・・・・・・・・・・・・・・・・・・ 21
- 変動金利型 ・・・・・・・・・・・・・・・・・・・・・・・・・・・・・・・・・・ 21
- 全期間固定金利型 ・・・・・・・・・・・・・・・・・・・・・・・・・・・・ 23
- 固定金利期間選択型 ・・・・・・・・・・・・・・・・・・・・・・・・・・ 23
- どれを選ぶべきか？ ・・・・・・・・・・・・・・・・・・・・・・・・・・ 24

④ 元利均等返済・元金均等返済とは？ ……………… 26
- 元利均等返済 …………………… 26
- 元金均等返済 …………………… 27
- 総返済額はどのくらい違うの？ …………………… 29

⑤ 「フラット35」とは？ ……………………………………… 31
- 買い入れ条件は？ …………………… 31
- 「フラット35」のメリット・デメリット …………………… 32
- 「フラット35」はこんな人にオススメ …………………… 33
- 「フラット35」の持ち込み先は星の数ほどある!? …… 34

⑥ 繰り上げ返済とは？ ……………………………………… 35
- 期間短縮型 …………………… 35
- 返済額軽減型 …………………… 36
- 「期間短縮型」と「返済額軽減型」の効果の差 …………………… 36
- 「期間短縮型」と「返済額軽減型」の
  どちらを選ぶべきか？ …………………… 37
- 期間短縮型と返済額軽減型の違い …………………… 38
- 繰り上げ返済のベストタイミングは？ …………………… 38
- 返済手数料・金額について …………………… 39

まとめ …………………………………………………… 40

2章 物件探しのポイント

① 不動産流通の仕組みを知ろう …………………… 42
- 信頼できる不動産会社を探し当てよう …………………… 42

🏠不動産会社の種類 ･････････････････････････ 42

　　🏠物件情報はレインズに登録される ･･････････････ 43

　　🏠未公開情報には驚くほど良質な物件が隠されている！ ･･ 44

② ムダのない情報収集の仕方 ･･････ 46

　　🏠新聞折込みチラシは隅々まで読もう ･････････････ 49

　　🏠インターネットの情報は多面的にチェック ････････ 50

③ 不動産会社の良し悪しを見抜く方法 ･･･ 54

　　🏠正しい資料請求のやり方は？ ････････････････････ 54

　　🏠良い担当者とダメな担当者の特徴は？ ･････････････ 56

　　🏠良い担当者を見極める「5つの質問と1つのイジワル」･･ 57

まとめ✏️ ････････････････････････････････････ 60

3章 販売図面の見方

① 距離表示 ････････････････････････ 62

　　🏠販売図面は小さい文字を必ずチェック！ ･････････ 62

　　🏠「駅から徒歩〇〇分」が実際よりも短い理由 ･･････ 64

② 区域区分 ････････････････････････ 66

　　🏠家を建てて良い場所・悪い場所 ･････････････････ 66

③ 販売図面の深読みの仕方 ････････ 69

　　🏠4つの疑問に分けてチェックしよう ･･･････････････ 69

　　🏠Q1.実際の面積は？（土地の場合）･････････････････ 70

　　🏠Q2.地域性は？ ････････････････････････････････ 71

- Q3. 物件の問題点について ・・・・・・・・・・・・・・・・・・・・ 74
- Q4. 方位について ・・・・・・・・・・・・・・・・・・・・・・・・・・・・ 75

④ 実際にあった失敗談 ・・・・・・・・・・・・・・・・・・・・・・・・ 76
- 知識がないまま土地を買った結果 ・・・・・・・・・・・・・ 76
- 住宅地にパチンコ屋ができたワケ ・・・・・・・・・・・・・ 77
- 不動産を買うときは隣接エリアも必ずチェック ・・・・・ 78

まとめ ・・・・・・・・・・・・・・・・・・・・・・・・・・・・・・・・・・・・・・ 80

4章 現地で確認すべきポイント

① 現地で確認するチェックポイント ・・・・・・・・・・・・ 82
- 現地を訪れた際の重要なポイント ・・・・・・・・・・・・ 82
- ① 境界ポイントの確認 ・・・・・・・・・・・・・・・・・・・・・・ 83
- ② 塀の所有者はだれ？ ・・・・・・・・・・・・・・・・・・・・・ 83
- ③ 越境物はないか？ ・・・・・・・・・・・・・・・・・・・・・・ 84
- ④ 高台か低地か？ ・・・・・・・・・・・・・・・・・・・・・・・・ 86
- ⑤ 道路面に車庫付きの家はあるか？ ・・・・・・・・・ 89
- ⑥ ゴミ置き場は？ ・・・・・・・・・・・・・・・・・・・・・・・・ 89
- ⑦ 近くに大きな空き地はない？ ・・・・・・・・・・・・・ 90
- ⑧ 近隣の方への聞き込み ・・・・・・・・・・・・・・・・・・ 91

② 現地でチェックしたいこと ・・・・・・・・・・・・・・・・・・ 93
- 現地へ行ったら確認したいこと ・・・・・・・・・・・・・・ 93
- 周辺環境の確認 ・・・・・・・・・・・・・・・・・・・・・・・・・ 96
- 当社独自の物件調査 ・・・・・・・・・・・・・・・・・・・・・ 97

まとめ ・・・・・・・・・・・・・・・・・・・・・・・・・・・・・・・・・・・・・・ 98

5章 建売住宅と注文住宅の違い

① 建売と注文住宅の違い ……………………………… 100
　🏠 建築条件付売地とは？ ……………………………… 100
　🏠 建売と注文住宅の違い ……………………………… 102

② 注文住宅を考えるべき人とは ……………………… 103
　🏠 実現したいことを書き出してみよう ……………… 103

③ 建築コストの違い …………………………………… 104
　🏠 コストと希望のバランスを考えよう ……………… 104

④ 注文住宅で実現できる6つのこと（建売住宅との違い）… 106
　🏠 ① ドアの高さ ……………………………………… 106
　🏠 ② 窓サッシ ………………………………………… 107
　🏠 ③ 窓の配置場所と大きさ ………………………… 108
　🏠 ④ コンセントの数 ………………………………… 109
　🏠 ⑤ 天井高 …………………………………………… 110
　🏠 ⑥ 建ぺい率10％アップを活用し快適な空間 …… 111
　🏠 建売住宅・注文住宅 ……………………………… 113
　🏠 実現したいことを絞り込もう …………………… 115

⑤ 土地探しの仕方 ……………………………………… 117
　🏠 まず工務店や建築家とコンセプトを決めよう … 117

まとめ ……………………………………………………… 120

6章 中古住宅選びのポイント

① 中古住宅のメリット・デメリット ……… 122
- 選択肢は多いけど要望に合わないことも ……… 122

② 中古住宅を検討する人とは ……… 123
- エリア優先・広さ優先・予算優先の方 ……… 123

③ 建築時期による信憑性 ……… 124
- 古い物件は注意が必要 ……… 124

④ 最低限のチェック事項 ……… 127
- 確認済証等書面を確認しよう ……… 127
- 現場でチェックすべきこと ……… 129
- 中古住宅の販売図面で注意すべきこと ……… 132

⑤ 中古住宅の目利き術 ……… 135
- 中古マンションは管理を購入するもの ……… 135
- 中古の戸建てはメンテナンスを購入する ……… 136

⑥ リノベーションで理想の住まいを実現 ……… 138
- 専門家を交えて仕上がりを検討しよう ……… 138
- 中古マンションのお買い得物件とは？ ……… 139
- 中古戸建の安全性 ……… 140

⑦ 見落としやすい中古住宅の注意点 ……… 142
- 契約不適合責任も確認しよう ……… 142

まとめ ……… 144

7章 土地購入の注意点

1 建築コストに影響するポイント ・・・・・・ 146
- ① 現状は更地？それとも古屋付き？ ・・・・・・ 146
- ② 建築する建物は隣地から十分な距離か？ ・・・・・・ 147
- ③ ライフラインはどうなっているか？ ・・・・・・ 150
- ④ 地盤はどうか？ ・・・・・・ 151
- ⑤ 土壌汚染はあるか？ ・・・・・・ 152
- ⑥ 地中埋設物はあるか？ ・・・・・・ 152

2 トラブルになりそうなポイント ・・・・・・ 153
- 前面道路は公道か私道か？ ・・・・・・ 153

3 意外に見落としやすいポイント ・・・・・・ 155
- ① 建ぺい率・容積率だけで判断していないか？ ・・・・・・ 155
- ② 建築資金の準備は大丈夫か？ ・・・・・・ 156

まとめ ・・・・・・ 158

8章 申し込み時のポイント

1 申し込みから契約までの流れ ・・・・・・ 160
- 不動産購入申込書を持って交渉に行く ・・・・・・ 160

2 申し込みの意味と効力 ・・・・・・ 162
- 何のために申込書を書くのか？ ・・・・・・ 162
- 申込書に記載する事項は？ ・・・・・・ 162
- 購入申込書の効力とペナルティ ・・・・・・ 164

- 🏠 申込金は不要 ･････････････････････････････ 165

③ よくあるQ&A ･･･････････････････････････ 167
- 🏠 Q 申し込みから契約までの適切な期間は？ ･････ 167
- 🏠 Q 申し込みからキャンセルできるリミットは？ ･･ 168
- 🏠 Q 交渉成立したけど契約しなかった場合は？ ･･･ 168
- 🏠 Q 申し込みから契約までの間で
  注意すべきポイントは？ ･････････････････････ 169
- 🏠 Q 申し込みまたは契約後の
  クーリング・オフの適用は？ ･･･････････････ 169

まとめ ･････････････････････････････････････ 170

9章 契約前に注意すべきこと

① 契約前の2つの不安 ･･････････････････････ 172
- 🏠 不安は契約前に解消しておこう ････････････ 172

② 支払いのリスク ････････････････････････ 174
- 🏠 支払いの不安を取り除く ･･･････････････････ 174
- 🏠 10年後にリセールできるか？ ･･･････････････ 176

③ 物件のリスクについて ･･････････････････ 179
- 🏠 重要事項説明をしっかり理解しよう ･････････ 179
- 🏠 重要事項説明はいつ受けるの？ ･･･････････････ 181

まとめ ･････････････････････････････････････ 185

売買時の注意ポイント

① 重要事項説明書の説明 ……… 188
重要事項説明書の説明が義務付けられている ……… 188

② 重要事項説明書の各ページの注意点 ……… 189
① 契約に関する不動産業者情報 ……… 189
② 物件の確認 ……… 190
③ 法令上の制限 ……… 192
④ 私道負担の整備インフラ状況 ……… 194
⑤ 建物に関する事項 ……… 196
⑥ 契約の解除等 ……… 197
⑦ その他 ……… 200
土地の面積について ……… 201
土地売買のポイント ……… 202

③ 売買契約時に必要なもの ……… 204
手付金や印紙、印鑑、本人確認書類を用意 ……… 204
公租公課等の清算 ……… 205

④ 特約条項でチェックすべき事項 ……… 206
口頭ではなくしっかり書面化しておこう ……… 206

⑤ 物件状況報告書と付帯設備表 ……… 207
トラブルを防ぐためにじっくり説明を聞こう ……… 207

まとめ ……… 209

おわりに ……… 210

1章

資金計画の
立て方

1 頭金はいくら必要なの?

　住まい探しにおいて、まず考えなければならないのは、予算です。第1章では、予算の考え方、ローンの組み方などを説明していきます。

　住宅の購入を考えている方の中には「頭金は2割」と聞いたことがある方もいらっしゃると思います。ところが、この2割という数字に根拠はありません。これは金融機関の考え方で「物件の購入価格に対して、2割の頭金を用意できれば、問題なく融資しますよ」という慣習のようなものが一人歩きしているだけなのです。

　実際、頭金の無い100%ローン（自己資金ゼロ）でも住宅ローン融資は承認されています。

　ではなぜ、「頭金は2割」なのでしょうか？　これはお客様によっては、金融機関から物件の購入価格の80〜90%程度までしか承認されない場合があるからです。ただし、この融資額は、個人差が非常に大きくあります。これは、金融機関の考え方が「物件担保優先の時代」から「個人の属性（個人担保）優先の時代」に変化したためです。

　金融機関が適正な自己資金の額を判断するにはいくつかのポイントがあります。

🏠 自分の収入に合った住宅ローン返済額なのか？

　住宅は「購入したら終わり」ではありません。

購入後、長期間にわたり、住宅ローンを返済し続けなければならないのです。購入前に頭金（自己資金）を貯めることも大事ですが、それよりも月々の住宅ローンを問題なく返済し続けることができるかどうかを考えることが大切です。

　それは、家族の未来（ライフプラン）を想像し、将来の支出を予想していくことです。「今は払えます」とおっしゃるお客様の中には「将来のことは考えていませんでした」という人もいらっしゃいます。

　住宅購入前に、今後の金利上昇を加味した「住宅ローンシミュレーション」や、家族のライフスタイルを考慮した「ライフプランシミュレーション」の作成をぜひともオススメいたします。

🏠 もしもの時はどうする？

　「転勤で購入した家に住めなくなった」「リストラされて収入がなくなった」など不測の事態に見舞われた場合は、「売る（売却）」か「貸す（賃貸）」かの選択が迫られます。場合によっては「破産する」ことも考えなければならないこともあります。

　その時になって初めて「常に住宅ローンの残債と売却可能価格のバランスを意識しておく」ことの必要性に気が付いても遅いのです。

🏠 借りられるだけ借りていい？

　諸経費まで借りるオーバーローンや物件金額の100％ロー

ンは、借り入れ金利や優遇金利などの条件が悪くなっていることが多く見受けられます。購入時に、十分な頭金を確保できているのに、「借りられる分だけ借りておこう」という発想は条件が悪くなってしまえば金利面だけを考えてもベストな選択とは言えません。

🏠 残債割れは550万円、預金は200万円。売るに売れない中古物件

以前、こんなお客様がいらっしゃいました。5,000万円の新築マンションを「頭金なし・100％ローン」で購入したAさん。住宅ローンと管理費などの支払いは月々19万円で、順調に返済をしていました。

ところが、Aさんは10年後にリストラに遭ってしまったのです。転職もうまくいかず、仕方なく自宅を売却する決断をしました。

しかし、売却可能金額3,500万円に対し、住宅ローンの残債は4,050万円。550万円の赤字です。しかも、この時の預金は200万円しかないという状況だったのです。これでは「売るに売れない」という最悪な事態です。

100％ローンが必ずしも悪いわけではありません。それでも、購入後に何か起きた時の救済処置として、購入前に賃貸相場を把握しておきましょう。最悪なケースで、賃貸に出して支払うという一時的な解決策を用意しておくことが大切です。

🏠 安全なローンの考え方とは？

住宅ローンを組む場合、はじめに今後のライフプランや金利上昇を加味して、毎月いくらなら確実に返済できるか、総

借入額の目安を算出しましょう。

　そして、お客様自身が算出した金額を、金融機関から借り入れられるかを確認することが大切です。さらに、「売却した場合に残債割れしないか？」「残債割れした場合に補塡できる手段はあるか？」「万が一、転勤やリストラなどやむを得ない事情により賃貸した場合の月々の収支は黒字になるか？」などを想定・確認・検討しましょう。

　また、その他の注意点としては、「頭金で持っている現金をすべて出し切ってしまい、その後の生活ができなくなるような計画はしない」ということです。日々の生活が苦しくなるほど節約をしないと買えない物件を検討する際は、一度冷静になりましょう。「購入予算を下げてリスクを減らす」「購入を先延ばしして貯蓄する」「親に援助をお願いする」などの改善策を検討しましょう。

2 いくらまで借りられるの?

住宅ローンの検討を始める際に、「金融機関は、いったいどのくらい貸してくれるのだろうか?」と考える人は多いのではないでしょうか。実際にお客様から、度々このご質問をお受けいたします。住宅購入を考えているお客様の中で、ご自身の借り入れ可能金額を正確に理解できている人は1割にも満たないでしょう。

住宅ローンの借り入れ金額は、「年収」「年齢」「返済期間」「返済負担率」や、「その他借り入れ状況」「物件担保」などにより、総合的に決定されます。

本書では一般的な「民間銀行」と、フラット35や財形住宅融資などの「公的な融資」の2つについて解説していきたいと思います。

🏠 基準は年収に対する返済負担率

年収に対する返済負担率の一般的な基準は以下の通りです。

民間銀行Aの場合

税込み年収	返済負担率上限
300万円未満	25%以下
400万円未満	30%以下
400万円以上	35%以下
700万円以上	40%以下

ただし、注意しなければならないのは、「金利何%での返済

を基準にしているのか？」ということです。

現在、金利選択の種類は数多くありますが、実は各金融機関は独自に「審査基準金利」を決めています。その幅は2.5～4.5％ぐらいが基本です。

これは購入時の金利水準ではなく、将来変化（上昇）するであろう金利を各銀行が予測し、その金利を「審査基準金利」として設定しているのです。そのため、同じお客様でも申込先の金融機関が変われば、借り入れ可能金額が異なります。

会社員/年収700万円/借入期間35年/返済負担率/35～40%

X銀行	▶ 審査金利 2.5%	▶ 5,710万円
Y銀行	▶ 審査金利 4.5%	▶ 4,930万円

借り入れ可能金額の違いは約800万円です。

※上記返済負担率や基準金利は各銀行で異なり、不定期に見直しされています。

公的な融資の場合

代表的な融資として「財形住宅融資」があります。「フラット35」については公的な融資ではありませんが、審査基準が公的な融資とほぼ同様ですので、本書では、同じグループとして解説をします。

公的融資の審査基準

返済比率35％以内
（年収400万円未満の人は返済比率30％以内）

※融資限度額は物件価格の9割まで（9割を上回る部分は銀行などから借り入れ可能）。

🏠 会社員と法人代表（自営業者）の違いとは？

民間のメガバンクの場合、法人代表（自営業者）の判断基準は、審査基準の年収判定だけではありません。審査に必要な

書類は年収証明だけではなく、経営している会社の決算書（3期分）の提出が必要となります。

　年収要件をクリアしていても、会社の決算書の内容次第で否決される場合も多く見受けられます。

　民間銀行では、法人代表（自営業者）が経営する会社の売上金額以上の融資を行う場合や累計赤字が大きい場合は、融資に消極的です。法人代表（自営業者）は年収だけではなく、決算書の内容に気を配ることが大切です。

　一方、公的融資は決算書の提出の必要がないので、借り入れがしやすいように感じます。

クレジットカードの使いすぎに注意

　住宅ローンの審査で注意すべき点として、「住宅ローン以外の借り入れ状況」が上げられます。この点は、審査をする銀行ではかなりシビアに見ています。

　現代はカード社会なので、多くの方がキャッシング機能付きのクレジットカードを持っていると思います。しかし、将来住宅の購入を考えている人は、あまり利用しないほうが良いでしょう。銀行は私たちが考えている以上にカードローンを懸念事項と考えています。たとえ同じ銀行や、グループ会社のキャッシング利用でも、返済比率の計算に算入されてローン金額の減額対象になってしまいます。なんだか矛盾を感じますが、気をつけましょう。

金利タイプとは？

　ここ数年の住宅ローン金利市場の変調により、金利選択は難しくなってきました。今までは、金利の安い変動金利を選ぶお客様が多くいらっしゃいました。しかし、最近では金利上昇リスクに対してお客様も敏感になり、いろいろと頭を悩ませているようです。

　そこで賢い金利選択をするために、住宅ローン金利の基礎知識を身につけましょう。住宅ローンの金利タイプは大きく分けて以下の3つになります。

1. **変動金利型**
2. **全期間固定金利型**
3. **固定金利期間選択型**

　では、それぞれの特色を解説しましょう。

🏠 変動金利型

　変動金利型は、短期プライムレートなどの市中金利に応じて、金利が変動するタイプのことです。民間銀行の住宅ローンでは、一般的に4月と10月の年2回の見直しが行われることも特徴の1つです。

　短期プライムレートは日銀の政策金利に影響を受けます。

そのため、日銀の政策金利が変更されるとそれに連動します。

しかし、ローンの金利を後述する元利均等返済を選択した場合、金利が変動しても5年間は支払い額が変わりません。上昇した分の金利は6年目以降の支払いで調整します。つまり、年2回金利変動がありますが、実際の返済額は5年ごとの見直しと考えましょう。見直し後の返済額は25％以上の増加はありません。それ以上に超えた分は未払い利息といい、ローン返済見直し後の返済額で調整します。

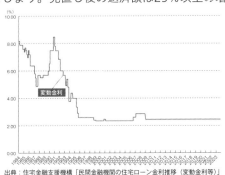

出典：住宅金融支援機構「民間金融機関の住宅ローン金利推移（変動金利等）」

変動金利型のメリット

☑ 他のタイプと比較し金利が低水準
☑ 原則いつでも固定金利期間選択型に変更が可能

変動金利型のデメリット

☑ 返済額が変動するため将来設計が立てづらい

こんな時期にオススメ

・金利低下時期
・金利安定時期

🏠 全期間固定金利型

借り入れ当初に設定した金利が、全期間を通じて変動しない金利タイプです。具体的な商品としては「フラット35」が有名です。

この全期間固定金利型は、長期金利の影響を受けます。長期金利とは10年もの国債の利回りのことです。

全期間固定金利型のメリット

☑ 金利上昇リスクがなく、家計管理がしやすい

全期間固定金利型のデメリット

☑ 変動金利型と比較し金利水準が高い
☑ 一回組んでしまうと見直しができない（他の金利に移行不可）
☑ 金利下降期でも、金利が高金利のまま固定されてしまう

☞ **こんな時期にオススメ**

・金利上昇期

🏠 固定金利期間選択型

ある一定期間だけ固定金利（2～30年）を設定し、その期間が経過した時点で変動金利にするか、再び固定金利にするかを選択できるタイプのことです。

固定金利期間選択型のメリット

- ☑ 今現在、全期間固定金利型に比べ金利水準が低い
- ☑ 設定期間中に金利変動がない

固定金利期間選択型のデメリット

- ☑ 固定期間中は見直しができない(他の金利に移行不可)
- ☑ 固定期間終了時の金利が高くなるリスクがある
- ☑ 金利下降期でも金利が高金利のまま固定されてしまう

こんな時期にオススメ

・金利安定期

・高額出費や子どもの教育費など出費が多くなる時期

どれを選ぶべきか？

　未来は誰にもわからないので、金利選びに「これが正解」というものはありません。為替同様に金利の推移を予測することは非常に難しいことなのです。答えは何年か経って初めてわかります。すなわち、今後の金利情勢をどう予測し、どれくらいのリスクを許容できるかが、金利選びのポイントなのです。

　多くの住宅購入マニュアル本には、「リスク回避のため絶対固定型金利にしなさい」と書かれていますが、私はその内容には疑問を持っています。「固定金利＝リスクゼロ」という方

程式はおかしいのではないでしょうか。

　住宅ローンには2つのリスクがあります。1つは「金利上昇した時のリスク」。もう1つは「金利が上昇しなかった時のリスク」です。

　たとえば現在（2024年9月時点）、「フラット35」の全期間固定金利は約1.82％です。変動金利型の金利は表面上2.475％ですが、各銀行の優遇をうまく利用すれば実質金利は0.3〜0.6％程です。この金利差は倍以上もあり、返済総額を計算すると意外に大きなものです。

　最近では「変動金利型＋全期間固定金利型」や「固定金利期間選択型＋全期間固定金利型」などのミックスした組み方も一般化してきました。

　住宅ローンの返済期間は、最長の35年で考えている方がまだまだ多いようです。しかし、完済時のご自身の年齢を考えてみてください。65歳？ 70歳？ 80歳？ その年齢の時、何をされていますか？ その時の返済は大丈夫でしょうか？「全期間固定金利型で一回組んだら見直さない」という考えは捨て、繰り上げ返済や金利選びなど定期的な住宅ローンのメンテナンスをしていくことを考えるべきでしょう。

　金利も景気もいつまでも上昇し続けるわけではありませんし、いつまでも下降し続けるわけでもありません。金利タイプ選びに迷ったら、いくつかの住宅シミュレーションを作成し、ご自身のライフプランと照らし合わせてみましょう。また、5年ごとに定期的な見直しをすることをおすすめします。

4

元利均等返済・元金均等返済とは？

　住宅ローンの返済方法は「元利均等返済」と「元金均等返済」の2つに分類されます。

　一般的には「元利均等返済」で組んでいる人が90％程度で、残りの10％が「元金均等返済」を選んでいます。そのため「住宅ローン返済＝元利均等返済」と考える人が大半でしょう。

　ここでは、この2つの返済方法の特徴とメリット・デメリットを解説いたします。

　みなさんの住宅ローンの考え方に選択肢が1つ増えればと思います。

🏠 元利均等返済

　元利均等返済は毎回同じ支払い金額を返済する方法です。現在、民間銀行の住宅ローンでは一般的な組み方になっています。

元利均等返済のメリット

- ☑ 毎月の支払い額が一定で返済計画が立てやすい
- ☑ 「元金均等返済」よりも初期の支払い額が低くなる

元利均等返済のデメリット

- ☑ 借入金元金の減り方が遅い
- ☑ 「元金均等返済」と比べると総返済額が多くなる

☞ こんな人にオススメ

- 多く借りたいが、月々の返済額を抑えたい人
- 現在の収入が低いが、将来は収入が伸びると予想される人
- 妻が子育て中で仕事ができないが、将来仕事に復帰する予定の人

🏠 元金均等返済

　元金均等返済は毎回同じ金額の元金を返済する方法です。「元利均等返済」との違いは、期間によって返済額が一定ではないということです。

　初期の支払いは「元利均等返済」と比較して高いのが特徴で、支払い額は徐々に低減されていきます。そのため総返済額は「元利均等返済」よりも少なくてすみます。

元金均等返済のメリット

☑「元利均等返済」と比較して総返済額が少ない
☑ 返済額が徐々に少なくなる
☑ 元金の減りが早い

元金均等返済のデメリット

☑ 返済開始当初の支払いが高い
☑ 変動金利で組んだ場合、金利上昇時の返済額の影響が大きい
☑ 取扱金融機関が少ない

☞ こんな人にオススメ

・住宅ローンを早期に返済したい人
・住宅の買い換えを考えている人
・収入に余裕のある人、現在の収入は多いが将来が不安な人

元利均等返済と元金均等返済　毎月の返済額の違い

借入額6,000万円・固定金利0.475%・期間35年の場合の月々返済額

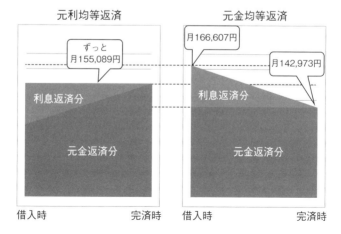

元利均等返済　ずっと月155,089円
元金均等返済　月166,607円／月142,973円

🏠 総返済額はどのくらい違うの?

では、具体的に計算してみましょう。

例）借り入れ金：6,000万円、金利：0.475％、期間：35年

元利均等返済の場合

- 当初支払い額 ➡ 月々155,089円
- 総返済額　　 ➡ 65,137,478円
- 総利息分　　 ➡ 5,137,478円

元金均等返済の場合

- 当初支払い額 ➡ 月々166,607円
- 総返済額　　 ➡ 64,999,374円
- 総利息分　　 ➡ 4,999,374円

元金均等返済の当初支払いは月々166,607円で始まりますが、

10年後は ➡ 159,821円
20年後は ➡ 153,035円
30年後は ➡ 146,249円

と減額をしていき、205回目つまり18年目で、月々の支払い額は元利均等返済の場合の支払い額を下回ります。

この例で計算してみると、総返済額は「元金均等返済」の方が138,104円少なくなります。同じ借り入れ金額でもこれほど違います。

ただし、「元金均等返済」のネックは、「元利均等返済」に比べ、当初の支払い額が11,518円もアップしてしまうことです。

「元金均等返済」を取り扱っている金融機関

・「フラット35」
・三菱UFJ、三井住友、三井住友信託、みずほ銀行など

　これら限られた銀行でしか取扱いをしていません。希望する場合は、必ず住宅ローン申し込み前に確認をしてください。

💬 お客様の声

私は「元金均等返済」を選びました！

　10数年前に住宅を購入した際に、私（お客様）は「元金均等返済」で住宅ローンを組みました。決めた理由は「総支払額を抑えたい」「今は安定した収入があるが将来は不安」という要望と不安を解消できると考えたからです。それからもう1つ。「元金均等返済」で住宅ローンを組んでいる人が少ないので「勉強になればいいな」という思いもありました。

　利用した素直な感想は、「毎月返済額が下がっていくのでうれしい」「得した感じがする」ということです。

　しかし、大変な面もありました。それは、「返済当初から安い金利を」と思い、2年固定で組んでいたのですが、その後の金利上昇で、月々の支払いが3万円もアップしてしまいました。「元金均等返済は金利上昇の影響が大きい」ことを実感しました。

　返済当初の支払い金額は魅力的でしたが、長期で返済するので状況が変わることもあります。「元金均等返済」で組まれる方は、余裕のある返済計画を考えることが大切ですね。

「フラット35」とは？

「フラット35」とは、民間金融機関と住宅金融支援機構（以前の住宅金融公庫）が提携している長期固定金利の住宅ローンのことです。

その仕組みは、住宅金融支援機構がお客様の利用する住宅ローン債権を民間金融機関から買取り、証券化します。そのため、民間金融機関としては比較的リスクが少なく、長期型の金利商品を提供できるようになっています。

今回は、「フラット35」の中でも、主要な「フラット35（買い取り型）」について解説します。

🏠 買い入れ条件は？

買い入れ条件は、「物件的な条件」「人的な条件」「融資枠の条件」の3つです。

物件的な条件
- 一戸建ての場合の床面積が70㎡以上
- マンションの場合の床面積が30㎡以上
- 住宅の耐久性などで住宅金融支援機構が定めた技術基準に適合していること

特に注意をしたい条件は最後に記述した「技術基準に適合しているか？」という点です。

これは、購入予定の建物が「適合証明」の交付対象になる

かどうかが重要です。特に中古住宅では取得できない物件が数多く存在するので、物件契約後に問題になりやすいです。

この「適合証明」とは、住宅金融支援機構が定めた耐震性などの技術基準(昔で言う公庫基準)に適合していること示す証明書になります。「フラット35」の利用を検討する場合は、まず購入予定物件が「適合証明」を取得できるかどうかを確認しましょう。

人的な条件

・申し込み年齢が70歳未満であること
・安定した収入があること

年収別基準

・年収400万円未満 → 年間返済額の合計が年収の30%まで
・年収400万円以上 → 年間返済額の合計が年収の35%まで
　※収入については、申し込みの前年の年収で審査します。
・日本国籍の方、または永住許可などを受けている外国籍の方

融資枠の条件

・融資額は1人あたり100万円以上8,000万円以下(1万円単位)で建設費または購入価格の90%以内

🏠「フラット35」のメリット・デメリット

「フラット35」のメリット

・完全固定金利なので金利上昇リスクがない
・保証料が0円
・繰り上げ返済手数料が窓口でも0円

「フラット35」のデメリット

・団体信用生命保険料が別途必要（任意加入）
・窓口とする金融機関によっては事務手数料が高い（融資金額の1%〜2.2%など）
・注文建築の場合、建物完成時に土地と建物の代金が一括して融資されるため、土地と建物の分割実行を希望する場合は「つなぎ融資」が必要

　民間の銀行などの融資条件を比較し、諸費用を含めた総返済額で判断しましょう。

「フラット35」はこんな人にオススメ

Ⓐ 住宅ローンといえば長期固定と決めている人

　これについては、説明は不要だと思います。

Ⓑ 健康に問題がある人

　民間金融機関の場合、団体信用生命保険の加入が絶対条件となります。団体信用生命保険の申し込みの際に、「入院や通院をしている」「持病がある」など、健康に問題があるという理由で加入できず、融資が受けられないことがあります。

　一方「フラット35」の場合、団体信用生命保険は任意加入になっているため、健康に関する条件はありません。

Ⓒ 自営業などで設立が3年未満の人、もしくは決算内容が思わしくない法人代表

　民間金融機関の場合、法人代表（自営業者）などの場合は3期分の決算書の提出が必要となります。また、設立3年未満や決算内容が思わしくない場合は、年収基準を満たしていて

も審査の段階で不承認になることも多く見受けられます。それに対して、「フラット35」は民間金融機関よりも柔軟に対応してくれる場合が多いのです。

「フラット35」の持ち込み先は星の数ほどある!?

実は「フラット35」とひとことで言っても、取り扱っている金融機関は300以上あります。しかも、各取扱い金融機関によって、貸出金利や事務手数料の金額が異なっています。その条件の違いは下記のサイトで確認することができます。

https://www.flat35.com/

すべて検証するのは不可能なので、主要銀行または、お近くの銀行から数行を選んで検討してみましょう。

6 繰り上げ返済とは？

　現在、大半のお客様が、住宅ローンの返済期間は最長の35年（35年ローン）で組まれます。

　しかし、一般的な会社員の定年退職年齢は60～65歳であり、年金受給資格年齢は特例を除けば65歳からです。この5年以上の無収入期間でどのように返済するのかを考慮しなければ、35年ローンにするのは危険です。「家を買っても退職後の住宅ローンは支払えない」という現実が待っています。そのような事態にならないためにも「繰り上げ返済」について、真剣に勉強しておくべきです。

　「繰り上げ返済」とは、住宅ローン返済期間中に、通常の返済とは別に一定額を返済して元金を減らすことです。残高をすべて返済することを「全部繰り上げ返済」と言い、一部返済することを「一部繰り上げ返済」と言います。

　「全部繰り上げ返済」は「住宅ローン」の完済を意味し、物件上に担保されている抵当権を解除することができます。

　「一部繰り上げ返済」は借り入れ元金が減額されるため、将来支払われなければならない利息部分も含めて、支払いを軽減することができます。この「一部繰り上げ返済」の方法には「期間短縮型」と「返済額軽減型」の2つがあります。

🏠 期間短縮型

　繰り上げ返済して元金を減らしたことにより、住宅ローン

の月々の返済額はそのままにし、残りの返済期間を短縮する方法です。たとえば、「月々15万円を支払っているAさんが、300万円を繰り上げ返済し、当初35年で組んでいたローンが約2年短くなった」といったことです。

🏠 返済額軽減型

繰り上げ返済し、元金を減らしたことにより、残りの返済期間はそのままにし、住宅ローン返済額を減額する方法です。たとえば、「月々15万円を支払っているAさんが300万円を繰り上げ返済し、月々の支払が14万円になった」といったことです。

では、どちらを選ぶのが効果的なのでしょうか？

🏠 「期間短縮型」と「返済額軽減型」の効果の差

例) 住宅ローン額：6,000万円、金利：0.475%、期間：35年
月々支払い：155,089円、繰り上げ返済額：300万円
繰り上げ期間時期5年（60カ月）後

期間短縮型の総支払額の低減効果

300万円繰り上げ返済をすることにより返済期間は約22カ月分短縮されます。

155,089円×約22カ月＝約341万円

総返済額は当初より約341万円（元金含む）低減できました。

返済額軽減型の支払額の低減効果

300万円繰り上げ返済することにより月々の返済額は8,942円軽減できます。
残りの返済期間は420-60=360カ月なので、

8,942円×360カ月＝約321万円

総返済額は当初より約321万円(元金含む)低減できました。

総支払額は「期間短縮型」の方が少なくてすみます。理由は、期間を短縮した分の利息負担がなくなるからですが、この例では約20万円分(341万円−321万円)「期間短縮型」が有利になりました。繰り上げ返済のやり方の違いだけで、これほど違いが出るものなのです。

🏠「期間短縮型」と「返済額軽減型」のどちらを選ぶべきか?

一概に月々の返済総額が少なくなるから「期間短縮型」がいい訳ではありません。目的によりどちらを選ぶべきか異なってきます。

☞ **期間短縮型はこんな人にオススメ**

- 将来の利息を大幅に減らしたい人
- 住宅ローンの早期返済をしたい人

☞ **返済額軽減型はこんな人にオススメ**

- 教育費などで将来の家計に不安がある人
- 夫婦で共働きだが、出産や育児などの出費が多くなる時期がある人
- 金利上昇により、支払額がきつくなった人

🏠 期間短縮型と返済額軽減型の違い

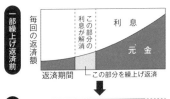

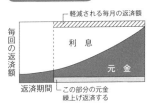

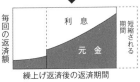

🏠 繰り上げ返済のベストタイミングは？

　繰り上げ返済のベストタイミングを理解するには、住宅ローンの元金と利息の仕組みを理解する必要があります。

　住宅ローンの元金と金利のバランスは、支払開始時の金利が一番高く、期間を追うごとに割合が減少していきます。つまり、繰り上げ返済は早ければ早いほど効果が大きいのです。

　「それならより早く1万円でも多く返済した方がいいのでは？」と思いがちです。しかし、そこで注意をしたいのが、「一部繰り上げ手数料」です。場合によっては、メリットを享受できないことがあるからです。次に「一部繰り上げ手数料」を確認していきましょう。もう一つのタイミングとしては、住宅ローン控除が終わるタイミングです。最近は、住宅ローン控除期間が13年と長くなっているので、無理に繰り上げ返済しないほうが良い場合もあります。

住宅ローン控除額と残債のバランスを考えて返済計画を立てていきましょう。

一部繰り上げ返済手数料

各金融機関の繰り上げ返済手数料は次のとおりです。
(令和6年9月現在)

		一部繰り上げ返済手数料	
	web	窓口(変動金利)	窓口(固定金利)
みずほ銀行	0円	33,000円	33,000円
りそな銀行	0円	5,500円	33,000円
三井住友銀行	0円	16,500円	16,500円
三菱UFJ銀行	0円	16,500円	16,500円
三井住友信託銀行	0円	16,500円	16,500円
横浜銀行	0円	44,000円	44,400円
八十二銀行	0円	5,500円	5,500円
きらぼし銀行	0円	5,500円	33,000円(100万円以下) 55,000円(100万円超)
静岡銀行	0円	6,600円	22,000円
千葉銀行	0円	33,000円	33,000円
住友SBIネット銀行	0円	-	-
じぶん銀行	0円	-	-
中央ろうきん	0円	0円	0円
フラット35	0円	-	0円

返済手数料・金額について

最近ではWeb(インターネットバンキング)での繰り上げ返済は、ほとんどの金融機関で手数料が無料です。ただし、金融機関によって繰り上げ返済の最低額は異なります。たとえば、「フラット35」の繰り上げ返済は最低100万円からです。

窓口で繰り上げ返済を行うと手数料がかかることがほとんどなので、なるべくWeb口座で繰り上げ返済を行いましょう。

また、住宅ローン控除を利用している場合は12月ではな

く、翌年の１月に返済した方がいいことがあります。その理由は、住宅ローン控除対象額は年末の残債額だからです。その点も加味しましょう。

まとめ

- ☑ 頭金の適正額は、ご自身で住宅ローンの返済を問題なくできるかどうかである
- ☑ 頭金の適正額は、総額の２割より多いのか少ないのかは関係がない
- ☑ 住宅ローンの審査基準(返済上限)は、
  民間銀行：税込み年収の25〜45％程度
  公的融資：税込み年収の30〜35％以内で物件の９割まで
- ☑ 変動金利は年２回見直しで返済額は５年ごとに変動するので、家計管理は難しいが金利下降時にメリットがある
- ☑ 固定金利は返済額が変わらず、家計管理がしやすいが、金利が下がっても高金利で固定されたままである固定金利期間選択型は一定期間金利を固定するため、金利が下降しても高金利で固定される
- ☑ 「元金均等返済」は総返済額が少ない
- ☑ 毎月の支払いリスクを考えた返済方法を選択しよう
- ☑ 物件価格の値引き交渉は難しいが、住宅ローンの支払いの削減は、難しいことではない
- ☑ 諸費用も含めた総支払額で判断を！
- ☑ 繰り上げ返済手数料を考慮して、有効な繰り上げ返済をしよう

2 章

物件探しの
ポイント

不動産流通の仕組みを知ろう

🏠 信頼できる不動産会社を探し当てよう

　住宅を購入するにあたって重要なことはなんでしょうか？良い土地や物件を探すことは言うまでもありませんが、実は良い不動産会社を探すことが最も重要です。信頼できる不動産会社を見つけ、良い担当者に担当してもらえれば、理想の住宅を購入する大きな一歩になります。そのためには、まず不動産会社の良し悪しを見抜く必要があります。第2章では、その見抜き方から説明していきます。

　ひとことで不動産会社と言っても、次のような様々なタイプがあります。

🏠 不動産会社の種類

大手仲介会社
財閥系、金融・商社系、電鉄系の大きく3つに分けられます。

地場の仲介会社
その地域の企業で、担当者が地域密着の営業活動をしています。

駅前の仲介会社
全国チェーンの店舗を構えていて、賃貸業を主体に動いています。時々地元の地主さんからの情報を持ち合わせていることもあります。

> **最近の仲介会社**
>
> コンサルティング型やディスカウント型という不動産会社も出てきています。コンサルティング型は、不動産取引に関連する法律や財務の知識を活用して、顧客が安心して不動産取引を進められるようサポートしながら仲介します。ディスカウント型は、手数料割引系のサービスをメインにするため、業務係としての役割が強く、顧客の交渉や要望への対応は限定的です。主に不動産取引に慣れた顧客向けです。

　不動産会社の種類を把握したところで、不動産の流通の仕組みも知っておきましょう。実はこれが良い物件を探す秘訣なのです。

🏠 物件情報はレインズに登録される

　個人の売主が不動産（たとえばマンション）を販売しようと思った時、直接インターネットに物件情報を載せてお客様を募ることはありません。

　最初に不動産会社に依頼して、そのマンションがいくらで売れるのかを査定してもらい、納得ができた段階で媒介契約を結んで販売していくのが一般的です。

　媒介契約締結後、不動産会社は自社のお客様にその物件を紹介していくのですが、そこで決まるケースはとても少ないです。そのため、不動産流通機構が運営している「不動産ネットワークシステム「REINS」（以下、レインズ）」に登録します。

　レインズとは、不動産会社しか見られない会員制ポータルサイトのようなものです。ここに登録されると、全国の何万社、何十万社という不動産会社に物件情報が行き渡ります。物件を買いたい人は、大抵は不動産会社に問い合わせをしま

すが、そのお客様に対して、不動産会社はレインズの情報を見ながら情報を伝えているのです。

したがって、売主が不動産会社を経由してレインズに物件情報を登録し、買主は不動産会社を経由してレインズの情報を元に物件を探すことになります。

つまり、不動産取引は構造的にレインズが中心になっているのです。

🏠 未公開情報には驚くほど良質な物件が隠されている！

こうした不動産取引の構造の中で、一部の不動産会社ではレインズに掲載されていない未公開情報を提供しているケースがあります。その未公開情報の中には、驚くほど良質な物件が隠れていることがあります。実は当社では成約される物件のうち、未公開情報の物件が60％を超えるほどです。

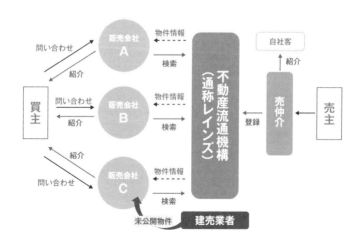

基本的に国内の物件情報の7〜8割がレインズに登録されていますから、物件情報はどこの不動産会社でもほとんど共通です。

　そのため、様々な会社に問い合わせをするよりも、信頼できる不動産会社を1社探し当てて、親身に相談に乗ってもらうほうが、不動産探しの成功確率が上がります。

　さらに、もしエリアを限定するなら、そのエリアの未公開情報を持っている不動産会社を探すことも大切です。

2 ムダのない情報収集の仕方

次に、物件情報の収集の仕方について見ていきましょう。

まずは不動産の広告の見方です。広告の種類には大きく4つあります。看板、チラシ、インターネット物件検索サイト、企業ホームページです。

主な広告の種類

1 看板（カラーコーン・電柱）

2 チラシ（新聞・ポスティング）

3 インターネット物件検索サイト

4 企業ホームページ

街中を歩いていると、カラーコーンに物件情報が掲載された看板が貼ってあったり、電柱に物件情報が貼ってあったりするのを見かけたことがあると思います。これは、ステ看板（捨て看板広告）や電ビラ（電柱広告）といいます。

ステ看板や電ビラは、巧妙な書き方をしていることが多いので要注意です。物件に関する詳細な情報は書かれておらず、興味を引くようなフレーズが書かれています。たとえば、「新築住宅未公開物件速報！」のように、いかにも未公開情報であるかのように記載されていることがあります。また、「7,980万円・30坪・3LDK車庫付き・早いもの勝ち！」等、一見

すると好条件のように思える情報が並んでいます。

しかし、実際は借地権であったり、看板が設置されている場所とは全く違う駅が最寄り駅の物件であったり、30坪と言いながら敷地面積ではなく建物面積であったり等、ステ看板に記載されていない部分に落とし穴があるので注意が必要です。

他にも、6m公道と言いながら、実は建物の敷地が道路に2m以上接していない、再建築不可物件だったりすることもあります。

いずれにしても、そもそもステ看板や電ビラ自体が違法広告で、内容は信用ができません。どんなに気になっても、ステ看板や電ビラに書かれている電話番号には、問い合わせをしないようにしてください。

①看板例

**新築住宅
未公開物件速報！
駅 5分
7,980万円!!
30坪
3LDK車庫付
早いもの勝ち！**
問い合わせは00-000-0000まで

巧妙な言葉の
マジックに注意！

実は…
- ⚠ 借地権
- ⚠ 再建築不可物件
- ⚠ 全く違う駅
- ⚠ 敷地延長の物件etc

※ステ看板は、記載していない事項に注意する
※気になっても直接ステ看板業者には問い合わせしない事

巧妙なマジックの実例

駅から〇分 ※駅名の表記無※

➡ 通常は看板の貼っている地域と思うが、実はまったく違う駅である

新築戸建て30坪つき

➡ 土地の広さではなく、実は建物が30坪3階建て

6m公道に接道

➡ 接道している間口は2mだったり、2m未満の再建築不可の場合もある

🏠 新聞折込みチラシは隅々まで読もう

　最近は新聞をとっていない世帯が多くなってきましたが、新聞折込みチラシやポスティングチラシも、住宅探しの情報ツールの1つです。チラシには、1つの物件だけを掲載する「単独チラシ」と、複数の物件を載せる「総合チラシ」の2種類があります。単独チラシは1枚のチラシに1物件のみを掲載しているものです。その物件について場所・間取り・仕様・生活環境等、充実した情報が掲載されています。広告業者側からすると、自信がある物件でなければ作成しないため、比較的良質な物件が多いと考えていいでしょう。広告業者側にとっては、"成約するためのチラシ"といえます。

　一方、総合チラシは複数の現場写真の掲載があり、成約するためというよりは、物件数の多さからの問い合わせを狙う"集客のためのチラシ"という位置付けです。

　チラシを見ていく上で、掲載されている内容によって、それぞれに不動産会社の意図が隠されていると思ってください。たとえば、「現地販売会」「外観写真のみ掲載物件」「間取りのみ掲載物件」等、色々なパターンがあります。

　チラシの中に「最高級」「優良物件」「2度と出ない」「お買い得物件」という記載がある場合も注意しましょう。これらは公正取引委員会で禁止語句になっているフレーズです。これらのフレーズが書かれている場合は怪しいと考えてください。

　また、大きく目立つ文字よりも、下のほうに小さな文字で書いてある概要を意識して読むようにしてください。「計画道

路がある」「借地権」「セットバック面積含む」等、重要なことは小さい字で細かく書かれています。チラシを隅々まできちんと読み取るようにしましょう。

②チラシ例

単独チラシ — 1物件のみを掲載 成約につなげるためのチラシ

総合チラシ — 複数の現場を掲載 集客のためのチラシ

現地販売会開催中
➡売りたい物件
・なるべく多く集客したい
・力を入れている

外観写真のみ掲載物件
➡外観の写真写りは良い
・値段が高い
・間取りが悪い

間取りのみ掲載物件
➡間取りだけは良い
・土地の形が悪い
・日当たりが悪い

🏠 インターネットの情報は多面的にチェック

最近はインターネットで物件を探すことが一般的になってきているので、物件検索サイトや、各不動産会社の企業ホームページを調べて問い合わせするケースが増えています。当社でも9割以上がインターネット経由のお問い合わせです。

インターネットの物件検索サイトは数多くありますが、代表的なものが、「SUUMO」「at home」「LIFULL HOME'S」「Yahoo!

不動産」等のポータルサイトです。

　これらのサイトで市場の約80％の情報が得られます。地域によってどういった物件があるのかという相場感を掴むために、こうしたポータルサイトを活用するのはとても有効です。

　また、物件情報のページには、その物件を取り扱っている不動産会社の紹介も掲載されています。良い物件があったからといって、すぐに不動産会社に問い合わせるのではなく、その不動産会社の紹介ページや企業ホームページを見て、どのような会社なのかをしっかりリサーチした上で、問い合わせするといいでしょう。

　利用する際の注意点もあります。たとえば、物件情報の中には、すでに成約済みの物件（おとり物件）が掲載されているケースもあります。画像登録がないものなどは、おとり物件の可能性がありますので注意してください。

③インターネット物件検索サイト例

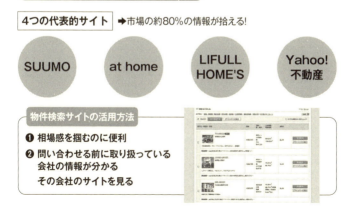

4つの代表的サイト ➡ 市場の約80％の情報が拾える！

- SUUMO
- at home
- LIFULL HOME'S
- Yahoo!不動産

物件検索サイトの活用方法

❶ 相場感を掴むのに便利
❷ 問い合わせる前に取り扱っている会社の情報が分かる
　 その会社のサイトを見る

各社サイトへの問い合わせでは、登録の際に住所・氏名・電話番号等、個人情報の入力を求められることが多いです。そのため、会社の内容を十分に吟味しないと、しつこい営業をかけられてしまうケースも数多く見受けられます。まずは、その会社の特質を企業ホームページで見抜くように心がけましょう。

　トップページで「お客様第一主義」「お客様の笑顔を大切に」等当たり前のことを掲載しているのを見かけますが、もちろんこれだけでは判断できません。それよりも経営ビジョンや代表の考え方、お客様の声、サービス概要等、多方面からその会社に関する情報を掲載しているほうが信用できます。また、最近ではGoogleの口コミなどでも確認することができるので、利用するようにしましょう。

④企業ホームページ例

最近各不動産会社が
力を入れている広告媒体

会員制(パスワード)で
未公開情報を特定多数に開示する

レインズとの垣根が
なくなってきている

▼ 物件探しのポイント

3
不動産会社の良し悪しを見抜く方法

🏠 正しい資料請求のやり方は？

　良い不動産会社を見極めるには、まず問い合わせ方法を身に付けることが大切です。それを踏まえた上で、良い不動産会社の見極め方をご紹介していきます。

　問い合わせでよくある失敗例として、興味を持った土地を見つけて資料請求した時、「要望とは関係のない物件の資料が大量に送られてくる」というケースです。

　実際、お客様からはよく「いろいろな不動産会社に問い合わせをするけれど、ほとんどの回答が的外れで使えない担当者が多い」とご相談されます。

　ところが、担当者側の視点では、「問い合わせの際にお客様が正確な情報をきちんと開示していないから的確な情報を送れない」となってしまうのです。担当者は「このお客様は杉並の物件に関する問い合わせだから、お隣の世田谷の物件も紹介していいのではないか」とか「この物件だったら建売でもいいかもしれない」と、ニーズが合いそうな資料を一通り送ろうと考えてしまいます。担当者は、お客様からのあいまいな情報をもとに回答しているので、的の外れた回答をしてしまうというわけです。

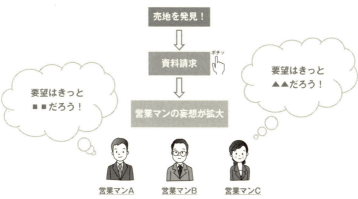

結局、要望と違った土地を紹介される

　理想的な問い合わせの仕方は、物件を見つけて資料請求する時に、なるべく具体的な要望も付けて送ることです。そこで、資料請求する際は、「要望テンプレート」を作成しておくことをオススメします。要望テンプレートには、希望物件のエリアや、建物について書き出すだけでなく、その理由も付けてください。

　たとえば、新築物件の資料請求をする時、「なぜ新築がいいのか？」という理由付けも必要です。また「なぜこのエリアにしなければならないのか」「どうして2階建てがいいのか」「なぜ建売ではなく土地から注文住宅を検討しているのか」等の理由があると、担当者にその物件を選んだ意図が正確に伝わるでしょう。結果的に、「関係ない資料が届いてしまう」という事態を避けることができます。

要望通りの土地を見つけやすくなる

　一方通行の情報では良い情報は得られないので、ご自身の要望を正確に相手に伝えましょう。それでも関係のない情報を送ってくる担当者であれば、遠慮なく切り捨ててしまっていいでしょう。

🏠 良い担当者とダメな担当者の特徴は？

　次に、担当者の良し悪しを見抜く方法をご紹介しましょう。優れた担当者は、問い合わせの対応が早かったり、お客様のご要望をよく理解していたり、そのリクエストにマッチした物件を送っている、という特徴があります。

　一方、ダメな担当者は、メールをしたものの24時間以内に反応がなかったり、きちんとお客様のご要望を聞いていなかったり、リクエストとは関係のない物件情報を大量に送ってきたり、という特徴があります。

- ☑ メールで問い合わせした場合の対応が早い
- ☑ お客様の要望をよく理解している
- ☑ 要望に沿った物件資料のみを送る

- ☑ メールで問い合わせをしたが24時間以内に反応がない
- ☑ お客様の要望を聞いていない
- ☑ 資料請求したが、要望を無視した物件を大量に送る(予算オーバー・エリア外…etc)

🏠 良い担当者を見極める「5つの質問と1つのイジワル」

良い担当者を探す方法として、次の「5つの質問と1つのイジワル」を担当者にしてみることをオススメします。

＜質問1＞

「この物件を知っていますか？」「これはどんな物件ですか？」

「わかりません」で終わってしまう担当者なのか、「この物件は安くてお買い得に見えますが、駐車場が狭くて車が入らないかもしれません」と具体的な回答が即座に返せる担当者なのかを見極められます。

＜質問2＞

「今までどれくらいの物件を仲介されましたか？」

不動産の実務経験は、勤務年数ではなく、どれくらいの件数を扱ったかが重要です。「200件ぐらいですね」ときちんと数字で回答してくれる人は良い担当者でしょう。できれば100

件以上扱った経験のある担当者が理想です。

＜質問3＞
「どんな物件が良いと思いますか？」
この質問で、担当者自身の物件選びに対する考え方を聞き出せるはずです。良い担当者なら、「お客様次第ですけど、私はこういう物件が良いと思います」と回答するでしょう。その理由に共感できれば、その担当者とは相性が合うので、良い関係が構築できると思います。

＜質問4＞
「この物件のメリットとデメリットを教えてください」
メリットを伝えられる担当者は多いですが、デメリットもしっかり伝えられる人は案外少ないものです。そこであえてデメリットを聞くことで、担当者の能力がわかります。良い担当者は「この物件はとてもオススメなのですが、デメリットとしては周りの環境があまり良くないです」「家の前の道路は広いのですが、物件に行くまでの道路が狭く運転がしづらいことや、引っ越し時にトラックが入れず余計な費用がかかってしまう可能性もあります」等デメリットも教えてくれます。デメリットを的確に伝えられる能力は、担当者の腕を測るバロメーターになります。

＜質問5＞
「不動産購入する場合の注意点を教えてください」
経験値のある担当者であれば、トラブル回避方法を熟知しています。たとえば、「不動産を買う時には地盤状況を調べま

しょう」と提案してくたり、「川沿いにあるエリアは浸水する恐れがありますから、地下構造の物件はオススメできません」と、エリアの特性も含めて知識を持っている担当者であるか見極めることが大事です。

＜1つのイジワル＞
　最後に、担当者にイジワルなお願いをしてみてください。たとえば、売り出したばかりの物件を「100万円値引き交渉してくれませんか？」と無理を承知で聞いてみるのです。ダメな担当者は「それは無理ですね」と即答することでしょう。しかし、それはお客様の側に立っているのではなく、売主側や自分の利益を考える担当者です。良い担当者は「難しいかもしれませんが、やってみますね」と前向きに取り組む姿勢を見せてくれます。実は仲介会社には値引き額や条件を決める権利はありません。それでも、お客様の側に立って、「やるだけやってみます！」と答えてくれる担当者を選びましょう。

　このように、良い担当者はお客様の代理人として交渉してくれるはずです。極力早く契約をまとめたいと思っている担当者なのか、お客様のために少しでも良い条件で物件を提供したいと考えてくれる担当者なのかを、「1つのイジワル」をすることで、読み解くことができます。
　良い担当者に出会えれば、不動産探しは90％成功したようなものです。とても有意義なことですので、ぜひ試してみてください。

まとめ

- ☑ 物件探しをする場合、たくさんの不動産会社に問い合わせをするのではなく、信頼できる担当者や会社を見つけることが重要

- ☑ 積極的に動いて自分の探し方に合った不動産会社を選ぼう

- ☑ 問い合わせの際には、担当者に物件の要望を伝えるためのテンプレートを作成しよう

- ☑ 良さそうな物件を見つけた場合は、その都度、売りに出している不動産会社に問い合わせするのではなく、懇意にしている担当者にきちんと要望を伝えて、的確な情報を受け取れるようにしよう

- ☑ 不動産会社の担当者が本当に寄り添ってくれる人かどうかを見極めるため「5つの質問と1つのイジワル」をしてみよう

3章

販売図面の見方

1
距離表示

🏠 販売図面は小さい文字を必ずチェック！

第3章では基本的な販売図面の見方について解説します。

物件探しをする人にとって、まず手に取るのが販売図面です。販売図面の正しい見方を知っていれば、失敗せずに住宅を購入することができるでしょう。

サンプルとして、販売図面を1つ紹介します。この販売図

面には、大きく最寄りの駅名と価格が記載されていますが、まず価格の欄に注目してください。価格の欄に「税込み」とあります。税込みの価格表記は、売主が業者であることを意味しています。新築住宅でも中古住宅でも、業者から建物を購入する際には消費税がかかります。

　一方、個人で不動産を売買する場合は消費税がかかりません。従って、消費税抜きの価格が表示されている場合は、個人の売主さんの物件であることがわかるのです。販売図面は価格の他に、住居表示や登記簿上の面積・区域区分・用途地域・建ぺい率、容積率、防火地域、セットバック、都市計画道路等の記載があります。

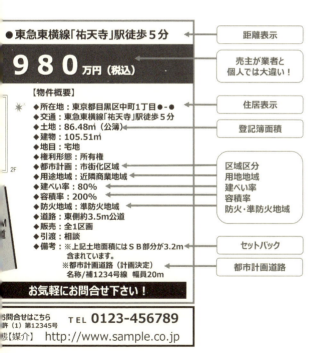

🏠「駅から徒歩○○分」が実際よりも短い理由

次に、距離表示について説明します。販売図面には「駅から徒歩5分」と書いてあります。不動産表示では駅から徒歩時間の基準は1分＝80mと決められており、端数は切り上げられます。ただし、この徒歩時間には、信号待ちや坂道等が考慮されていないので、実際に歩いてみると表示されているより時間がかかることが多くあります。

> **駅から徒歩○分**
>
> 駅から徒歩○分の基準は、1分＝80m（端数は全て切り上げ表示）。
> 徒歩時間算出の場合には、信号待ち、坂道などは考慮していない。
> 実際に歩いてみると**表示されている分数より時間がかかる**ことが多い。

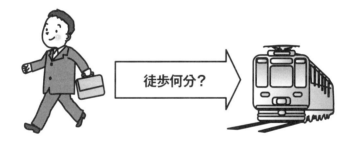

さらに、駅の北口からは線路を通らないのに、物件に近い南口からは線路を通らなければならなかったり、「開かずの踏切」があったりと、時間がかかってしまうこともあります。他にもさまざまなケースが考えられますので、物件から駅までの距離や時間は、必ず実際に歩いて確認しましょう。

次に、駅からバスに乗る場合の表記です。一般的に販売図

面には各バス会社の所要時間が記載されています。待ち時間や渋滞による時間のロスは含まれていません。通勤時間帯に駅を利用する場合は、バスの利用者が多く、駅近くの道路も渋滞になる可能性が高くなります。地域や時間によって交通状況も変わりますので、実際にバスに乗って確認しましょう。

駅からバス〇分の基準は?

一般的に各バス会社の所要時間表示で記載されている。

待ち時間や渋滞などが考慮されていない。

通勤時間帯にバスを利用した場合は、この時間よりも遅くなると考えよう。

2 区域区分

🏠 家を建てて良い場所・悪い場所

区域区分とは、この地域にどんな建築物を建設し、土地を利用するかを法律によって定めたものです。都市計画法による区域区分は、大まかに日本全国を「市街化区域」「市街化調整区域」「非線引き区域」の3つに分類しています。

都市計画法による区域区分

1 市街化区域

2 市街化調整区域

3 非線引き区域

「市街化区域」は家を建てて良い区域を指します。東京23区で流通している土地のほとんどはこの市街化区域になり、建築確認の申請をすることで、住宅等の建築が可能です。

市街化区域には13種類の用途地域があり住居系、商業系、工業系等によって建てられる建造物の用途、大きさ等が制限されています。

> **市街化区域**
>
> すでに市街化を形成している区域、又は10年以内に優先的かつ計画的に市街化を図るべき区域。
> 建築確認の申請をすることにより、住宅等の建築が容易にできる地域のこと。
> この市街化区域には13種類（住宅系・商業系・工業系など）の用途地域が定められており、それにより建物の用途・大きさなどが制限される。

　一方、「市街化調整区域」は、東京都では、ほとんどが河川や農地であることが多いようです。そのため住宅を建てられません。例外もありますが、市街化調整区域だった場合は、一般的な住居は建てられないと覚えておいてください。

　「非線引き区域」は、主にライフラインが整っていない地域です。行政も積極的な整備をしないので、住宅建築には不向きな土地です。東京23区にはほとんど見られません。

市街化調整区域

市街化を抑制する区域。基本的に建築行為は許可されない。
ただし、漁業や農業を営む方の住居や国、都道府県、
指定都市が建てる建造物などは例外的に許可を得られる。

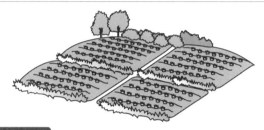

非線引き区域

都市計画区域のなかで市街化区域・市街化調整区域の
どちらにも属さない無指定区域のこと。
市街化調整区域にも属さない区域なので、住宅建築には不向きの土地。

　区域区分が存在する理由は何でしょうか？　制限がないと、土地を持つ人が勝手に家を建ててしまい、上下水道・ガスのインフラの整備が追いつかなくなります。そのため、都市整備を行うべき地域を定めて、先行してインフラ整備を計画的に行い、良質な住宅環境を築くために区域区分が設けられています。

3
販売図面の深読みの仕方

🏠 4つの疑問に分けてチェックしよう

販売図面で必ず見なければいけない箇所を、次の4つの疑問に分けて考えていきます。

Q1.実際の面積は?
Q2.地域性は?
Q3.物件の問題点は?
Q4.方位は?

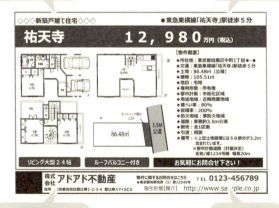

販売図面の深読みの仕方

Q1. 実際の面積は？（土地の場合）

不動産の面積には、「登記簿面積」と「実測面積」（有効宅地面積）という2つの表記があります。

それぞれ登記簿上の面積と、実際に測った面積という意味ですが、登記が古い場合、登記簿面積と実測面積がイコールであることはほとんどありません。

販売図面に登記簿面積と書かれていた場合は、実際に家を建てるときに使える「実測面積」（有効宅地面積）を確認しないと本当の土地の価値がわかりません。また、道路の幅が4m未満の場合は、土地の一部を道路に提供する「セットバック」が必要になります。

通常建築をする場合、道幅が4m以上ないと道路認定されません。この基準が制定された昭和25年当時の道路は3.6m程度の道幅で管理されていました。4m未満の道路については、多くの場合で中心線から2mのセットバックが必要となっており、家を建て替える際、このセットバックによる道路部分の面積は建築面積に算入できないので、検討している物件の前面道路が4m未満の場合は、実際の有効宅地面積が何㎡なのか事前に測量図などで確認しましょう。

登記簿面積＝実際に使える面積ではありません！
道路幅が4m未満の場合は、セットバック面積を確認しましょう

例えば、土地が86.48㎡あったとしても、セットバック部分が3.2㎡ある場合は、建築できる土地の面積は86.48㎡－3.2㎡＝83.28㎡になるのです。

🏠 Q2.地域性は？

販売図面を見ただけで、その物件がどのような環境に建っているのか、周囲がどんな雰囲気なのかを読み取る方法があります。そのために必要なものが「用途地域」「建ぺい率」「容積率」です。

用途地域＋建ぺい率＋容積率
である程度の判断が可能

「用途地域」は、表の通り「住居系」「商業系」「工業系」の3つに分類され、さらに13の用途地域で分けられています。

住居系の用途地域は、住環境が保全されている住宅地です。商業系、工業系と続き、表の下になればなるほど住宅にそぐわない地域となっています。分類のなかで建てられるものが定められていて、大まかな住環境のイメージを掴めるようになっています。

分類	用途地域	特徴
住居系	第1種低層住居専用地域	1〜3階までの低層住居が中心の地域。小規模な店舗・事務所兼用住宅、小学校などは建築不可
	第2種低層住居専用地域	2階建て以下で床面積150㎡以下の店舗は認める。主に低層住居を中心とした地域
	第1種中高層住居専用地域	4階建てでマンションも建てられる中高層住宅の地域だが、2階建ての戸建てやアパートも多い
	第2種中高層住居専用地域	2階建て以下で1500㎡までのお店や事務所などの利便施設が建てられる、主要な道路に面する地域
	第1種住居地域	3000㎡以下のオフィスビルやホテルなども建てられる。商業施設と共存し、住居の環境を守る地域
	第2種住居地域	パチンコ店、カラオケボックスなども建てられ、商業施設と共存しつつ住居の環境を守る地域
	準住居地域	主に幹線道路沿いの地域で、小規模な劇場や一定の自動車修理工場、倉庫なども建てられる
	田園住居地域	農業の利便の増進を図りつつ、これと調和した低層住居のための地域
商業系	近隣商業地域	近隣の住民のための日用品を販売する店舗などの立地を促進する地域
	商業地域	銀行、映画館、飲食店、デパートなどが集まる地域。都心・副都心の商業地、中小都市の中心商業地域など
工業系	準工業地域	環境の悪化をもたらす恐れのない工業の利便を促進する地域。学校・病院などの利便施設も建てられる
	工業地域	どんな工場も建てられる工業の利便を促す地域。住居・店舗は建てられるが、学校病院などは不可
	工業専用地域	工業を促進するための地域で、住居及び店舗、学校、病院、ホテルは建てられない

次に「建ぺい率」と「容積率」について見ていきましょう。

建ぺい率は、敷地面積に対する建築面積の割合です。住居系は、建ぺい率30〜60％、非住居系は60〜80％等と決めら

れています。建ぺい率は、敷地面積に対する建物の面積比率のことです。例えば、建ぺい率が60％ならば、敷地面積のうち60％が建物の面積で、40％が空き地ということです。

　住居の環境を保全したい場合は、建物の周りに余裕を持たせるために建ぺい率を低くすることが推奨されます。

敷地面積100㎡　建ぺい率40％の場合

建てられる面積40㎡

60％（60㎡）は空地

　容積率は、敷地面積に対して、建物の１階、２階、３階の床面積をトータルで足した延べ床面積の比率です。「容積率（％）＝延べ床面積÷敷地面積×100」で算出されます。容積率が高いと、建造物が密集して建てられることを意味します。

　このように建ぺい率や容積率を見ていきますと、物件の周囲がどんな雰囲気なのか具体的にイメージできるのです。

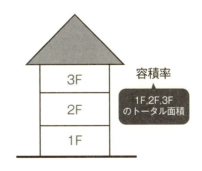

容積率

1F,2F,3Fのトータル面積

🏠 Q3.物件の問題点について

物件上の問題点は、重要なことであるにもかかわらず備考欄に小さい文字で目立たないように記載されていることがほとんどです。販売図面を見るときは、「日当たり良好」や「人気の〇〇学区」というメリットが大きく書いてある文字だけでなく、小さい文字にも注目して、しっかり読むようにしてください。

小さい字に注目！

```
◆引渡：相談
◆備考：※上記土地面積にはSB部分が
       3.2㎡含まれています。
       ※都市計画道路（計画決定）
       名称/補1234号線　幅員20m
```

```
◆都市計画：市街化区域
◆用途地域：第一種中高層住居専用地域
◆建ぺい率：60％
◆容積率：200％
◆防火地域：準防火地域
```

大抵は、販売図面の右下あたりに「計画道路」「セットバック」「建築規制」「越境物あり」「告知事項あり」という非常に重要な事項が書かれています。

また、「都市計画道路が計画決定されている」と書かれている場合、将来的にこの土地は道路になる計画があるということです。国によって収用される可能性があることがサラッと小さく書かれているのです。

🏠 Q4.方位について

販売図面を見ると、上が北であると思い込みがちですが、必ずしもそうではありません。

業者によっては、意図的に上が北ではない図面を作成していることもあります。

北向きのマンションの販売図面だったとしても、意図的に北を下にして間取りを書くことで、あたかも南に面していると思わせるのです。この方位を逆にしている販売図面には注意してください。よく販売図面を見ないとイメージと実際の物件が違う場合があります。

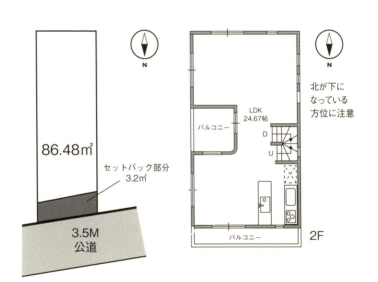

4 実際にあった失敗談

🏠 知識がないまま土地を買った結果

　ここでは、不動産に関する知識をきちんと持っていなかったため、実際に起こってしまった失敗談を紹介します。

　ある日、会社を長年勤めて定年退職を間近に控えたAさんは「格安の土地がありますよ」というセールスの電話を受けました。第2の人生のために坪単価5万円で100坪を500万円で買いました。その後退職したAさんは、買った土地に別荘でも建てようかと考えていた矢先に、驚愕の事実が発覚します。

　いざ購入した土地で建築申請をしてみると、そこが家を建てられない地域だったということが判明しました。知識がないまま土地を購入してしまったAさんは、悪徳不動産会社にだまされ、全く資産性のない土地を買わされてしまったのです。結局、売るに売れず、大切なお金を無駄にしてしまいました。

🏠 住宅地にパチンコ屋ができたワケ

これも失敗談です。Bさんは生まれてくる子どものために、住環境を重視して第1種低層住居専用地域で住宅探しをしました。そして、気に入った新築の低層マンションがあったので購入することにしました。

しかし、暮らし始めて5年後、近くにパチンコ屋さんができる噂を聞きつけます。もともと第1種低層住居専用地域でマンションを買っていたので、Bさんは近所にパチンコ屋さんなんてできるわけがないと思い、区役所に確認に行きました。

すると、Bさんの住むエリアは第1種低層住居専用地域ではありますが、10m離れたところから近隣商業地域になっていたのです。そこがパチンコ屋さんの建築予定地でした。

Bさんは自分が購入するマンションの用途地域しか見ておらず、隣接するエリアまでは確認していなかったのです。

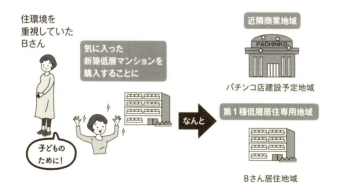

🏠 不動産を買うときは隣接エリアも必ずチェック

　土地の用途地域は、「用途地図」を見ることで確認できます。用途地図は各行政区ごとにあります。最近では行政のHPに掲載されている場合が多くなっていますが、よくわからない場合は、不動産仲介会社に用途地図をコピーしてもらってください。なお用途地域を色別で表しているため、必ずカラーでコピーしましょう。その上で、自分たちの住もうとしているエリアと近隣の用途地域を確認して、どういった建物が建つ予定なのかをしっかり確認する必要があります。

　例えば、用途地図を確認せずに自宅を購入した場合、通りを挟んで南側に高層階の建築物が建つことが可能なのかもわからないわけです。引っ越してきた当初、周りは何もない更地であっても、数年後に10階建てのマンションが突然建ってしまうことも可能になります。南側に大きな建物ができると自宅が日陰になってしまうこともあり得ます。不動産を買うときは、購入するエリアだけではなく、隣接する地域の用途地図も必ず確認してください。

用途地図

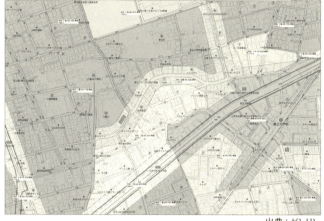

出典:ゼンリン

購入予定物件の周辺の用途地図も
忘れずにチェック!!

まとめ

☑ 販売図面にある「駅から何分」という表記は、実際に歩いて測った時間ではないので、1つの目安として考えよう

☑ 駅までの途中に開かずの踏切や坂道があるかもしれないので、実際に歩いてみよう

☑ 区域区分を確認しよう

☑ 用途地域や建ぺい率、容積率で購入を検討している建物周辺の環境をイメージしよう

☑ 販売図面は、大きく書かれた調子の良い文字ではなく、小さく目立たない文字が重要なので、入念にチェックしよう

☑ 自分たちの住む場所だけではなく、周辺の用途地図や、建築計画をチェックしよう

4章

現地で確認すべきポイント

1 現地で確認するチェックポイント

🏠 現地を訪れた際の重要なポイント

第4章では、販売図面上ではなく、実際に現地を訪れた際に、確認すべき以下のチェックポイントを紹介していきます。

> ①境界ポイントの確認
> ②塀の所有者はだれか？
> ③越境物はないか？
> ④高台か低地か？
> ⑤道路面に車庫付きの家があるか？
> ⑥ゴミ置き場はどこか？
> ⑦大きな空き地はないか？
> ⑧近隣の方に聞き込み

これらのチェックポイントは必ず確認をしてください。全て重要です。それでは具体的な内容を1つずつ解説していきます。

① 境界ポイントの確認

現地で不動産を見る場合、大切なことは、最初に敷地の四隅を見て「境界ポイント」が入っているかを確認することです。境界ポイントとは、その不動産の境界点を示すものです。写真のように、矢印や十字のマークが境界ポイントです。もしも境界ポイントがない場合、きちんと境界の確定がされていない可能性がありますので、その場合は、土地家屋調査士等の有資格者と隣地所有者立会いのもと、境界の確認を行います。

② 塀の所有者はだれ？

境界ポイントが確定できると、塀の所有者が誰であるかは、ある程度予測がつきます。

境界ポイントの内側は、基本的に自己所有地になり、外側は第三者所有地になります。

塀が敷地の内側に入っている場合は基本的に自分に所有権があり、自己責任で管理していきます。

逆に隣地に跨っている共有塀や隣地内に設置されている塀は、いくら古いからといっても勝手に壊したり補修したりは

できません。

　ブロック塀の場合、基準として、鉄筋の入っている強度の高い塀は2.2m以下、鉄筋なしの強度が低い塀は1.2m以下にしなければならないと建築基準法で定められています。

　建物を建築する際に、塀が高い場合は、建築確認申請時に強度不足による安全の担保措置等を指定確認検査機関もしくは特定行政庁（自治体）から指摘される可能性がありますので、注意しましょう。

③ 越境物はないか？

　越境物とは、塀の一部や、庭に植えた樹木の枝葉、家屋の一部分、排水管やガス管等が境界線を越えて隣地に侵入する物のことです。境界のポイントとポイントを線で結んだラインから隣地の建物などが越境していないか、現地で確認しましょう。

　越境物でよくあるのは植木です。植木は枝や葉が伸びて、境界線を越えていないか、随時チェックが必要です。

　また、知らない間に雨どいが破損して境界線を越えていたり、上空を電線が越境していたりする場合もあります。越境

物は足元だけではなく、上空も含めて確認しましょう。

　越境物をきちんと確認せずに安易に不動産を購入してしまうと、将来的に所有権を侵害される可能性があります。隣地の所有者から「もともとここはうちの土地だったんだ」と主張されないためにも購入前に越境物を確認するのは重要です。

　もし、越境していることが確認できた場合、「越境に関する覚書」等を作成し、「現状越境しているけれど、将来建て直しする場合に越境を解消します」という内容を隣地の方と締結しておくのが良いでしょう。

越境電線

上空も注意！

④ 高台か低地か？

現地を見学する際は、物件だけではなく、現場の周辺を歩いて土地が高台や低地に面しているのかを観察し、災害リスクを考えておく必要があります。

災害リスクの1つの目安として、書面で確認できるのが「ハザードマップ」です。各自治体で発行されていますので、ぜひ確認をしてください。ハザードマップで色付けされているエリアは、低地の可能性が高いです。区役所や市役所、またはウェブサイトで閲覧するなどして確認してください。ハザードマップで確認すれば、購入予定の物件が過去に水害に遭っているエリアなのかが大まかにわかります。

ハザードマップは、住宅購入をする際に説明事項として、重要事項説明書のなかに、記載することが義務化されました

が、未だに水害履歴を開示する必要はないとされています。

そのため、不動産会社によっては、水害が起こったことを知らせない場合があります。住宅を購入する際には、自分で水害の履歴を市区町村の防災課で、確認しなければなりません。

確認方法は？

1. 所轄市区町村の防災課で過去の水害履歴を確認
2. ハザードマップを確認
3. 近隣住民に過去の水害履歴を確認

**水害履歴があるような場所では地下構造の建物は✗
浸水を想定して建築を**

液状化現象に関しても、「液状化予測図」がインターネットで公開されています。液状化が起こる可能性の高い地域、低い地域等が色分けで見やすく表示されています。液状化現象も不動産購入時に開示は義務になっていませんので、自分で確認するようにしましょう。

ハザードマップ

過去の水害履歴

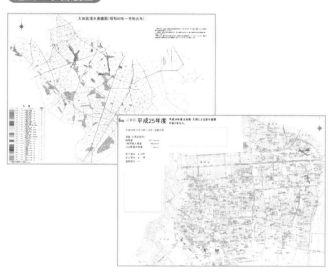

液状化履歴

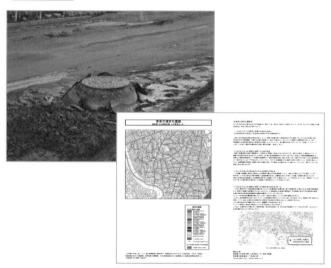

⑤ 道路面に車庫付きの家はあるか？

　車庫に関しても注意が必要です。私道に面した車庫がない物件に、車庫を作ろうとすると、近隣の住民から猛反対をされるケースがあります。近隣に車庫がない場合はトラブルにならないか調査をすることが必要です。この場合、同じ道路に面する所有者への聞き込み調査も非常に有効です。

⑥ ゴミ置き場は？

　ゴミ置き場もよく確認しておきましょう。例えば、家を買って住んでみたら、「目の前が20世帯分のゴミ置き場だった」ということがあります。ゴミ置き場の片付けを毎日自分がやらなければならなくなり、後悔された方がいました。
　ゴミ置き場は自治体や町内会で決める案件なので、重要事項でも説明されません。ですので、非常に注意が必要です。

土日に物件を見に行くと、ゴミ収集日でないため、どこにゴミが置かれ収集されているのかわかりません。ゴミ置き場が気になる方は、平日の朝に現地を確認する必要があります。

以下の3点を購入前に確認してください。

> **チェックポイント**
>
> ☑ 既存のゴミ集積所はどこか?
> ☑ 集合収集の地域なのか? または戸別収集なのか?
> ☑ 私道に面する場合は、公道までゴミを捨てに行かなければならないのか?

⑦ 近くに大きな空き地はない?

物件を見に行ったら、周辺に大きな空き地がないかどうかも確認してください。将来そこに家が立つ可能性があるかどうか、リサーチしなければなりません。

特に、「眺望が良いから」という理由でマンションを購入したのに、数年後に近くの空き地に自分たちのマンションと同規模のマンションが建ってしまったら、自慢の眺望が全くなくなったり、日当たりが悪くなってしまったりする可能性があります。

街は変化しますので、周囲に大きな空き地がないかは、事前に確認してください。

> **チェックポイント**
>
> ☑ 現地での大きな空き地の確認
> ☑ 区役所などでの標識設置届の確認・閲覧
> ☑ 用途地域の確認

⑧ 近隣の方への聞き込み

　現地では、近所の住民の方に話を聞いてみるのもおすすめです。例えば、「このあたりは水害が起きやすいですか？」「スーパーマーケットはどこを使っていらっしゃいますか？」「実際の住み心地はいかがですか？」と質問すれば、「実は近くに工場があってとてもうるさいです」「この辺りは10年前に水害があって、ボートで避難したことがあります」等、具体的な情報が聞けるかもしれません。

　その情報をもとに、「慢性的に浸水するエリアだから、購入を見合わせよう」といった判断ができるわけです。

　この聞き込み調査の大きなメリットは、公的機関で調査できない情報を収集できることです。ハードルが高いかもしれませんが、とても大事です。情報を集めるだけでなく、隣人

がどんな人なのかのリサーチも兼ねることができます。隣に神経質な人が住んでいるところに家を購入してしまったせいで、人間関係で揉めてしまうケースもあるので、しっかり調査しましょう。

> **チェックポイント**
>
> ☑ 住み心地は良いか？
> ☑ 治安が良いか、事件はないか？
> ☑ 水害等ないか？
> ☑ 新築時に地盤改良したか？

現地でチェックしたいこと

現地へ行ったら確認したいこと

　現地で確認すべき項目をチェックリストにまとめました。

　新築・中古戸建、マンションでは現地に行って見ておきたい箇所が異なるので、それぞれ該当するリストを確認してください。

　例えば、中古戸建物件に関しては、外壁のクラックや雨漏りがないか確認する必要があります。

　特に私が実際に行っているテクニックとして、中古物件を見る場合、窓や扉などいろいろなところを何度も開けてみます。すると、長年の開閉によって削られた箇所が見えたり、歪みが出ているところがわかったりします。そこで家が傾いている可能性が判明するのです。

　新築物件に関しては、基本的には歪んでいることはないので、設備状況を中心に確認します。

　マンションの場合、チェックするところは共有部分です。

　自転車置き場やポスト、駐車場等を確認すると、管理形態の良し悪しが見えてきます。居住する部分だけでなく、マンションの管理形態を探ってみることが重要です。特に気になるところは管理人にヒアリングするのがベストです。

中古物件

中古物件	
建物・間取り・設備について（一戸建て・マンション共通）	
住宅・建物の向き	内装の色や質感、汚れ
外壁の汚れ、傷、クラックなど	建具の色や質感、汚れ、開閉の具合
土台の傷、クラック	外観デザイン
窓からの眺望	玄関の印象
通風と日当り	屋外収納や物置きの大きさ
各部屋の広さ	床暖房やエアコンなどの設備機器仕様
部屋の配置	遮音性、断熱性、耐震性、耐久性
キッチン、浴室、洗面室の動線	設備機器の経過年数と稼働するか
水廻り設備機器仕様	庭やバルコニーの広さ
水廻り部分の汚れ	リフォーム済みの場合はその内容
収納量	過去の修繕履歴

中古マンション	
共用部分・管理について	
エントランスの印象	集会場やその他の共用施設
オートロックの有無	ペットの飼育の可否
エレベーターの数と位置	リフォームの制約
駐車場の有無や位置	管理形態
駐輪場、バイク置き場の有無や位置	管理の状況（トラブルの有無）
ゴミ置き場の位置	長期修繕計画の有無や実施状況

新築物件

新築物件	
建物・間取り・設備について（一戸建て・マンション共通）	
住宅・建物の向き	外観デザイン
窓からの眺望	玄関の印象
通風と日当り	屋外収納や物置きの大きさ
各部屋の広さ	床暖房やエアコンなどの設備機器仕様
部屋の配置	遮音性、断熱性、耐震性、耐久性
キッチン、浴室、洗面室の動線	庭やバルコニーの広さ
水廻り設備機器仕様	オプションと標準仕様の確認
収納量	建具や内装の色や質感

新築マンション	
共用部分・管理について	
エントランスの印象	集会場やその他の共用施設
エレベーターの数と位置	ゴミ置き場の位置
駐車場の有無や位置	規約や使用細則 （ペット可否やリフォーム制約）
駐輪場、バイク置き場の有無や位置	管理形態

チェックポイント

マンション
- ☑ 事故や自殺はなかったか？
- ☑ 駐車場の空きはあるか？
- ☑ 前所有者はどんな人だったのか？
- ☑ 外国人の民泊に利用されていないか？

中古戸建
- ☑ 扉や窓を何度も開け閉めする
- ☑ 目視で状況を確認する
- ☑ 設備はすべて使ってみる
- ☑ ゴミ置き場がどこにあるか探す

🏠 周辺環境の確認

周辺環境に関しては、最寄り駅までの所要時間や病院が近くにあるか、公園はどこか、周辺に工場のような騒音や異臭を発生する環境がないか等、チェックしましょう。

土日は工場がお休みで静かなケースがほとんどです。

近隣の方に聞き込みをすると、平日の状況を教えてくれることが多いので、積極的に情報を取得しましょう。

周辺環境

	周辺環境	
利便性	最寄り駅までの所要時間	公園など子供の遊び場は近くにあるか
	バス停までの所要時間	病院は近くにあるか
	駅やバス停からの道路は安全か	銀行、郵便局は近くにあるか
	学校までの所要時間(子供の足で)	スーパーは近くにあるか
快適性	近所に騒音や臭いの出る嫌悪施設はないか	
	周辺に日当りを遮る建物はないか	
	周辺に建築予定の建物はないか	
安全性	地震による被害(震度や液状化、火災など)予測を確認したか(防災マップ)	
	自然災害による(洪水や津波)予測を確認したか(ハザードマップ)	
	自治体などで提供している防災情報や防犯情報を確認したか	

当社独自の物件調査

　当社では物件調査を独自に行い、重要事項説明書や契約書に記載されていない事項を徹底的に調査しています。

　そのきっかけは、以前私が大手不動産会社で働いていたときの経験がもとになっています。その会社で約10年仕事をしていましたが、毎日トラブルが絶えませんでした。

　例えば、引越し後に家の前のゴミ置き場で、「私がゴミ置き場を片付けなくてはいけないので大変なのよ」とのクレームや、「家を建てたけれど、大雨で水没しちゃったよ。なんで水害エリアだったって言ってくれなかったの？」というクレームも来たことがありました。

　また、「近所に変な人が住んでいて、妻が精神的に病んで入院してしまった」という話もありました。

　不動産業者はゴミ置き場や水害の履歴、近隣関係の問題等を、積極的に開示しなくても良いことになっています。

　しかし、それではトラブルの根本的な解決にはなりません。そこで、当社では設立当時から近隣の聞き込み調査や、災害履歴、ハザードマップ、液状化マップ、昔の地歴や地盤状況等を含めて、調べられることをできるだけ調査して全て開示することにしました。

　契約前にご依頼いただければ、数日で関連する資料をご用意いたします。その内容をチェックしていただいた上で、契約するか決めていただくようにしています。

　もちろんそのなかで、「これだったら買わないよ」という方もいらっしゃいますが、私はそれで構わないと思っています。

　その理由は、契約した後になって初めて聞かされたら、「だ

まされて買わされた」と感じるお客様がいらっしゃるからです。そうならないためにも、私たちは物件に関する調査資料を細かくお渡しするようにしています。

　他の不動産業者さんで、このようなことをしている会社はほとんどないですが、こうした動きが不動産業界の一般的な常識となればいいなと思っています。

まとめ

☑ 物件の現地に着いたら、まず境界ポイントを確認し、所有権の範囲を明確にしよう

☑ 塀の所有者を確認し、安全上の問題がないかをチェックしよう。地面だけでなく上空を含めて越境物を全て確認しよう

☑ 低地の場合は災害リスクが高いので、ハザードマップ等を含めた水害履歴を確認しよう

☑ 道路面に車庫付きの建物がない場所であれば注意しよう

☑ 近くに大きな更地がないか、ある場合は、そこにマンションが建築された場合に購入検討している物件に対し日当たりや眺望の問題が影響するのか予測しよう

☑ 周りに住んでいる人が最大の情報源。ご近所さんに住み心地をヒアリングして、マイナス面とプラス面を聞いてみよう

5章

建売住宅と
注文住宅の違い

1 建売と注文住宅の違い

🏠 建築条件付売地とは？

　第5章では、建物について解説します。新築一戸建てを購入する際、多くの方が「建売住宅」か「注文住宅」か、どちらを選択するかで悩まれると思います。両者の違いは大きく分けてコストの違いと自由度の違いです。注文住宅は一般的に土地探しからスタートして、建物は、自分で自由に建てられるので、間取りなどを自分の好きなように、こだわることができます。すでに土地を持っているという方も注文住宅になります。さらに、注文住宅を建てる際、工務店と一緒に建てるパターンと、設計事務所に依頼して家を建てるパターンに分かれます。

　一方、建売住宅の場合は、一般的に土地と建物がセットで売られている住宅を指します。完成してからの引き渡しになり、間取りが決まっています。しかし、建築中に販売され、一部間取りや内装設備をオーダーできる物件もあります。今回はその中間パターンの「建築条件付売地」について紹介します。

　建築条件付売地とは、建物を建てる工務店が決まっている売地の事ですが、注文住宅と建売住宅の中間のような存在です。あらかじめ工務店が指定している標準的な間取りや仕様から、ある程度の間取り変更や、仕様変更の要望を聞いてくれます。

ただ、私の肌感覚では「注文住宅的な条件付売地」と「建売住宅的な条件付売地」に分かれているように感じます。建築条件付売地と言いながら、間取りや仕様などにかなり制限が課せられている物件がある一方、本当に自由で注文住宅に近い形にできるものもあります。

　建築条件付売地の認識を間違えると、トラブルになる可能性が高くなります。建築条件付売地という名称から、何でも自由に選べると思っていると、工務店に対応力がなく、間取りや仕様の制限が多く、ほとんど自由に選ぶことができないという建築条件付売地も存在します。トラブルを防ぐためにもこの2つの分類を把握しておくことが大切です。

　購入される前に、検討している建築条件付売地が、どちらの分類に入るか、どれだけの自由度があるのかを担当者や売主に確認しましょう。

建築条件付売地をもっと深掘りしよう!

建売と注文住宅の違い

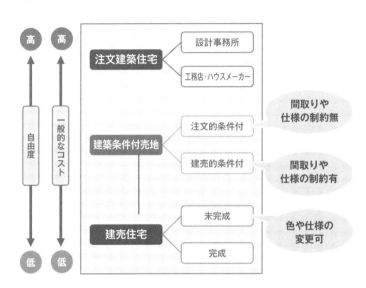

注文住宅を考えるべき人とは

実現したいことを書き出してみよう

　注文住宅を考えるべき人は、「バルコニーを広くしたい」「ワークスペースをつくりたい」「おしゃれな家をつくりたい」といった間取りや内装などにこだわりたい方です。

　自由に計画できるのがメリットですが、その分、建売住宅と比べて希望を膨らませすぎるとコストが高くなる場合があります。注文住宅でコストが高くなっても本当に実現したいものなのか、真剣に検討してみる必要があるかもしれません。

　おすすめは、コストアップしても実現したいことを箇条書きで書き出すことです。要望をはっきりとさせることが大事です。要望を「こうしたいな」という願望で終わらせず、絶対に実現したい条件として検討してみると良いでしょう。

理想に近づけすぎるとコストも上がる

3
建築コストの違い

🏠 コストと希望のバランスを考えよう

　実現したい間取りや要望によって、実際にコストはどれほど違うのでしょうか？　建築コストはざっくりと次に挙げる3タイプに分けられます。

　1人目のAさんは建売仕様で間取りを変更したいという方です。この場合、東京都内では坪単価75万〜85万円くらいで建てられます。坪単価80万円として30坪の家で計算した場合、約2,400万円です。

　2人目のBさんは、建築家に設計してもらって地場の工務店に建ててもらおうとしています。この場合、依頼する建築家にもよりますが、坪単価は95万〜110万円。100万円で計算して30坪の家で計算した場合、3,000万円になります。

　3人目のCさんは住宅展示場を構えているようなハウスメーカーに依頼して建てることを検討しています。この場合、坪単価は120万円〜、30坪で3,600万円超になる計算です。AさんとBさんのコストの差は600万円程度あり、BさんとCさんの差は600万円です。建売仕様で十分な場合とハウスメーカー型を希望する場合で、AさんとCさんでは1,200万円超もの差が生まれることになります。今回挙げた事例は非常に大まかな話ですが、実際にはAさんやBさんに分類できる人もいれば、BさんとCさんの中間の方もいます。かかるコストと希望のバランスを考えて着地点を見つけていきましょう。

コストと希望のバランス例

Aさん

特にこだわりはないし、建売でもよい。
できれば、間取りは変えられるとうれしい。

建売仕様OK型（間取り変更）

坪単価75万～85万円

30坪×80万円＝2,400万円（税込）

Bさん

建売は画一的で嫌い。
人とは違う自分だけの
こだわりを形にしたい。

約600万円

建築家＋地場工務店型

坪単価95万～110万円

30坪×100万円＝3,000万円（税込）

Cさん

高級感のある仕様など、
すべてにこだわっている。
大手ハウスメーカーの建物が絶対条件。

約600万円

ハウスメーカー型

坪単価120万円～

30坪×120万円＝3,600万円（税込）

注文住宅で実現できる6つのこと
(建売住宅との違い)

注文住宅で実際に実現できることを、6つの事例で説明していきます。

① ドアの高さ

まず1つ目がドアの高さです。建売住宅の場合、室内ドアの形は既製品を用いて2mほどの高さが一般的です。

注文住宅だと天井まで届くような高さ2.4mの大きいサイズにすることも可能で、空間がすっきりかつスタイリッシュになります。注文住宅は、細かい部分のデザイン性も、こだわっていくことができます。

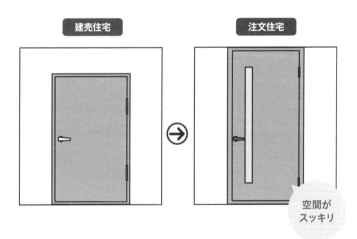

② 窓サッシ

窓サッシは、天井から約20～30cmほどの位置から取り付けられることが一般的です。

しかし、注文住宅では、窓サッシを天井に近いギリギリの位置に設置し、おしゃれな空間にすることも可能です。人は窓のサッシの高さに注目する傾向があり、部屋の上寄りの位置に窓を配置することで、窓サッシの大きさや室内空間は同じでも、部屋を広く見せる効果が期待できます。

窓位置の極端な例では、茶室の窓を低い位置に設け、重心を下げることで静謐（せいひつ）な室内を演出したケースもありました。窓の配置を変えるだけで、室内の雰囲気が大きく変わります。

ただし、天井に近い位置に窓を設置する場合、エアコンの取り付けやカーテンレールを取り付けることが難しくなる場合があります。その際は、ブラインドなどの対応が必要なので、注意しましょう。

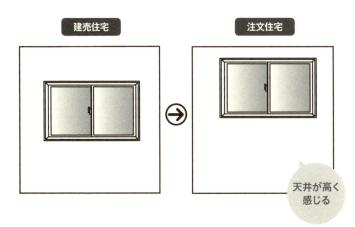

③ 窓の配置場所と大きさ

　窓の配置場所と大きさは、建売住宅では配置や採光・眺望などの現場の環境とは無関係に、あらかじめ用意された建材を画一的に組み立てて建築することが一般的です。

　そのため、窓を開けると隣の家の窓と向かい合わせになったり、窓が多くて家具の配置が難しいことがあります。

　一方、注文建築では現場の環境に合わせ、景観が良い方向に大きな窓を配置するなど、柔軟なアレンジが可能です。空間の演出として、多くの小窓よりも1箇所に大きな窓を配置することで、空間的な広がりがより感じられるようになります。

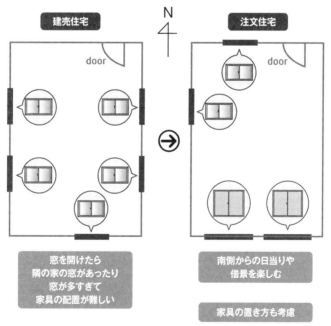

④ コンセントの数

　建売住宅では通常、1部屋につき2つまたは3つのコンセントが設置されています。しかし、これだけでは十分とは言えません。そのため、建売住宅ではコンセントが足りず、タコ足配線で対応することがよくあります。

　一方、注文住宅ではコンセントの位置や数を自由に設定できます。コンセントの配置に制限がなく、足りなければ1箇所あたり約6,000～10,000円程度で追加できます。実際の家具の配置や人の動線を考慮しながらコンセントの数を増やしていくことで、理想的で使いやすいレイアウトが実現できるでしょう。

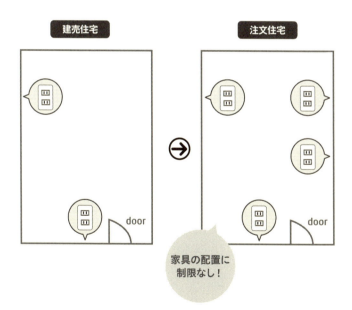

⑤ 天井高

建売住宅は3階建ての場合、天井高は約2,200〜2,300㎜前後の設定になっています。

私がよく提案するのは、1階のフロア部分は天井高を約50㎜下げた2,250㎜の天井高に設定し、リビングのある2階を約2,350〜2,400㎜にすることです。

全てが統一された空間であるよりは、リビングを開放的にして他の部分を詰める設計にすることで、メリハリが生まれます。このような調整も、注文建築では簡単に実現可能なのです。

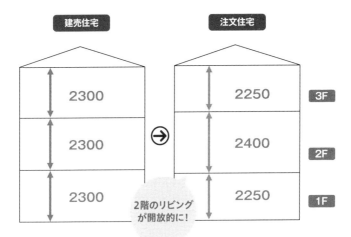

⑥ 建ぺい率10%アップを活用し快適な空間

　準防火地域に準耐火建築物を建てた場合、2019年6月から施行された法令により、建ぺい率を10%アップして住宅を建築することが可能になりました。

　準防火地域は、東京都23区の住宅地ではほぼ全てが該当します。そのなかで準耐火基準に適合している住宅であれば、建ぺい率を10%アップできるのです。これにより空間の演出を大きく変えることができます。例えば、土地が60㎡の場合、建ぺい率60%の条件では、ワンフロアの面積は36㎡になり、これにより19畳程度のリビングが設置可能となりますが、建ぺい率が10%アップすると、土地60㎡に対して、建ぺい率が70%になり、住宅は42㎡の空間ができます。そのため、22〜23畳のリビングをつくることができます。空間に余裕ができるため、吹き抜けも検討できるでしょう。

　延床面積自体は変わりませんが、平面に建てる面積を広げ、立体的に建物を伸ばしていくと、縦空間の広がりが出せるようになります。この空間を利用して吹き抜けやインナーバルコニーなどを設置することもできます。

　このように自由な設計が可能な注文建築は、ここ数年で人気が高まっています。準防火地域内での準耐火建築物の建設に関する法令的な詳細は、国土交通省のHPに掲載されています。また、地下緩和、車庫緩和、屋根裏もしくはロフトなども利用することでより快適な空間づくりが可能になります。

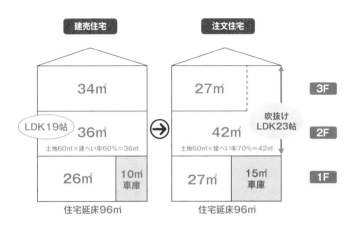

準防火地域内で、準耐火建築物を建てる場合、建ぺい率を10％緩和できる

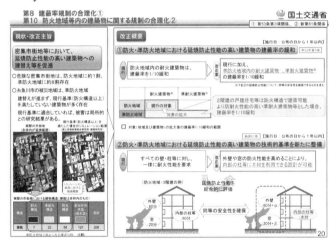

出典: 国土交通省【建築基準法の一部を改正する法律（平成30年法律第67号）について】
https://www.mlit.go.jp/jutakukentiku/build/jutakukentiku_house_tk_000097.html

第8 建蔽率規制の合理化②

① 第53条第3項関係、② 同条第5項関係

○建築物の建替え等の促進により、市街地の安全性の向上を図るため、建蔽率規制について次の措置を講じる。
　①延焼防止性能の高い建築物について、建蔽率10%緩和の対象区域及び対象建築物見直し
　②前面道路側に壁面線指定を行った場合等について、特定行政庁が許可した範囲内において建蔽率を緩和

1. 現行制度

①防火地域の耐火建築物について、都市計画で定められた建蔽率に10%を加えた数値を上限とすることが可能。

②連続した開放空間を確保し、市街地の安全性の向上を図るため、特定行政庁は前面道路の境界線から後退した壁面線の指定等が可能。

2. 新設する制度

①延焼防止性能の高い建築物の建蔽率緩和　（法53条3項）

延焼防止性能の高い建築物への建替え等を促進するため、以下の地域における建築物について、建蔽率10%緩和の対象を拡充する。

※下線部が拡充箇所

○防火地域
　耐火建築物及び耐火建築物と同等以上の延焼防止性能を有する建築物

○準防火地域
　耐火建築物、準耐火建築物及びこれらの建築物と同等以上の延焼防止性能を有する建築物

注　防火地域・準防火地域
　市街地における火災の危険を防除するために定める地域
　（都市計画法第9条第21項）

②前面道路側に壁面線指定を行った場合等の建蔽率緩和　（法53条5項）

特定行政庁が前面道路の境界線から後退した壁面線の指定をした場合等で、特定行政庁が安全上、防火上及び衛生上支障がないと認めて許可した範囲内において、建築物の建蔽率を緩和できることとする

一定の都市計画や地区計画等に関する条例において壁面の位置の制限が定められた場合も同様に措置

【建替え前】
道路幅員が狭いことで、火災時の避難や消火活動に支障がある。

【建替え後】
道路と一体となった空間を確保することで、火災時の避難や消火活動も容易になる。

出典：国土交通省【建築基準法の一部を改正する法律（平成30年法律第67号）について】
https://www.mlit.go.jp/jutakukentiku/build/jutakukentiku_house_tk_000097.html

2019年6月25日全面施行

🏠 建売住宅・注文住宅

　実際にあった事例を紹介します。江東区で51㎡ほどの土地を見つけたあるお客様から「どう思いますか？」とご相談をいただいたことがあります。販売図面を見ると3LDKでリビングが12.4畳のプランニングでした。

　私は、建物は微妙なプランだと思いましたが、この土地自体はとても良いと感じました。そこでお客様と一緒に4LDKでリビングが20畳というプランをつくりました。

　建ぺい率70%を利用し、前面道路が広いため容積率の制限がなく、土地の斜線制限もゆるいことを活用し、縦空間をうまく使い、建ぺい率60%のところを10%アップさせて70%の

平面を三層縦方向に利用して立ち上げたのです。

リビングが12.4帖の３LDKとリビングが20帖の４LDKでは、同じ土地でも見違えるようなプランの差が出るという例です。

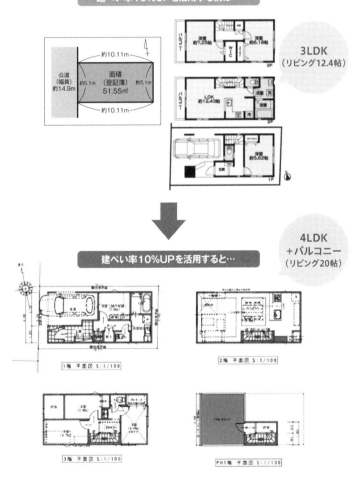

実現したいことを絞り込もう

　注文住宅で実現できるポイントを6つ紹介しましたが、そのなかでこだわりたいポイントを明確にし、実現したいこととコストのバランスを取って検討しましょう。全てをこだわった場合は1,000万円くらいアップしてしまうところ、「この部分だけは絶対に実現したい」と絞り込んだ場合は300万円のコストアップで調整できた例もあります。

　それは、ある注文住宅を建てたときの話です。お客様の希望はたくさんあったのですが、総予算の上限があり、絞り込む必要がありました。

　そこで、お金をかける部分をリビングと玄関の2つに絞ったのです。玄関は土間を大きく取り、広い空間を演出。リビングは無垢材や珪藻土を使って雰囲気を出し、天井を高くして開放感を出しました。他の部屋は、既製品のフローリングで統一し、天井もそれほど高くしませんでした。

　お風呂に関しては、既製品の一番ベーシックなユニットバスを採用しました。その理由は、メーカー品のユニットバスは掃除しやすく、メンテナンスも楽だからです。

　デザイナーズハウスにありがちなお風呂場のように、大理石張りなどでつくってしまうと、掃除がしにくかったり、カビが生えやすかったりします。洗面ボウルもおしゃれなものにすると、顔を洗うたびに水がこぼれてしまうことも起こり得るのです。それよりは、収納力のあるメーカー品のほうが手軽で便利な場合もあります。

　実現したいことを絞り込み、他の部屋は機能的にまとめることで、300万円ほどでも十分素敵な空間ができるのです。

こだわりたいポイントを明確にしましょう

全てこだわった場合

1,000万円
コストアップ

明確にした箇所だけこだわった場合

例：玄関エントランスとリビング（後は既製品でOK）

200万〜
300万円
コストアップ

5 土地探しの仕方

🏠 まず工務店や建築家とコンセプトを決めよう

　注文住宅を建てる場合、一般的に土地を探してから家を建ててくれる工務店を探します。しかし、実はそれでは良い土地に出会えません。反対に、工務店や建築家とまずコンセプトを決めて、そこから土地を探していくほうがうまくいきます。実際に暮らしていく上で大事なことは、土地よりも家の空間や雰囲気です。注文住宅を建てるメリットは、土地のデメリットを吸収してメリットに変えられることです。

　工務店や建築家とどのような住空間をつくりたいかをイメージを共有し、それを実現するにはどんな土地を探せば良いかを逆算すると、理想的な土地を見つける難易度は下がります。

　弊社の物件探しを説明しましょう。まずお客様と共に建物のコンセプトを共有します。欲しい空間、広さ、仕様を共有しながら、完成物件見学会などへ行き、実際の建売住宅を見てコンセプトを具体化します。「このリビングの広さでいいですか」「このカウンターキッチンの雰囲気はどうですか」と確認していきます。それに対してお客様から「こんな安っぽいの嫌だよ」「この雰囲気が好みだ」などの意見をいただいて、コンセプトをより明確にします。

　コンセプトが明確になった段階で土地探しです。イメージ通りの住宅を建てるには、どういった土地が適切なのかを考えながら、最適な土地を探します。

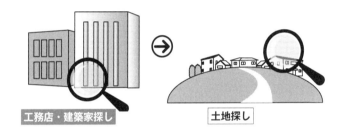

　土地探しは条件を最優先にしていくと理想を求めるあまり、土地金額が高くなり、結果的に建築予算に制約がでてしまい理想の家からかけ離れていきます。

　理想的な土地にこだわらず、まずは60点くらいの条件でも、工務店やハウスメーカーと何度も建物の打ち合わせを行うことが大切です。

　打ち合わせで建物に自分たちの希望を入れていくと、当初の希望と違ってくる場合や優先順位が変わることがよくあります。

　初めから理想の住まいを作っていこうとせずに、工務店や

ハウスメーカーと何度も打ち合わせをして、どんな空間にしたいか、プランを考えて行くほうが、トータルコストをイメージしやすく、効率的な土地探しができ、好い物件と巡り合えるのです。

最適な土地の探し方

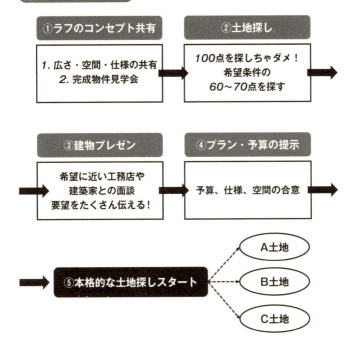

まとめ

☑ 注文住宅と建売住宅の違いに加え、建築条件付売地にも2種類あるので注意が必要

☑ 建築条件付売地には、本格的な注文住宅に近いものと、制約だらけの建売住宅に近いものがある

☑ 実現したい要望をリストアップして、それがマストなのか分類してみよう

☑ 全体ではなく部分的に実現したいものやこだわりに集中してお金をかけよう

☑ まず建物のコンセプトをつくり上げ、それに合う土地を探してみよう

6章

中古住宅選びの
ポイント

中古住宅のメリット・デメリット

🏠 選択肢は多いけど要望に合わないことも

　第6章では、中古住宅について解説します。中古住宅のメリットは、新築住宅と比べて価格が安く、検討する物件が豊富にあって選択肢が多いこと。さらに実際に見て検討できて、引き渡しが早いといったことが挙げられます。

　逆にデメリットは、間取りが要望に合わなかったり、建物が古い場合に耐久性や耐震性が不安、設備が古い、メンテナンス費用がかかったりするといったことが考えられます。

中古住宅のメリット 📝

- ☑ 新築住宅に比べて購入価格が安い
- ☑ 検討する物件が多くなる
- ☑ 引き渡しが早い
- ☑ 実際に見て検討できる

中古住宅のデメリット 📝

- ☑ 間取りが要望に合わない
- ☑ 性能(耐震性や耐久性など)が不安
- ☑ 設備が古い
- ☑ メンテナンス費用がかかる

中古住宅を検討する人とは

🏠 エリア優先・広さ優先・予算優先の方

中古住宅を検討する人は、エリアを限定して地域にこだわる方が多い印象があります。例えば、実家の近くに住みたい、学区を変えたくないなど住みたい地域が限定的で、広さは欲しいけれども予算が限られている、というような場合です。このようなエリア優先・広さ優先・予算優先の方は、中古住宅を検討すると良いでしょう。

- 実家の近くに住みたい
- 学区を変えたくない
- 住みたい地域が限定的
- 広さは欲しいが予算が限られている

このような方は中古住宅を検討すべし！

3 建築時期による信憑性

🏠 古い物件は注意が必要

　中古住宅には、建築時期による建物の信憑性というものがあります。中古住宅が一概に「新しいから良い」「古いから悪い」と言い切れないのは、年代によって建物のスペックや検査状況が異なるからです。

　一例として、昭和56年（1981年）当時は「新耐震基準」をもとに、「地震が起きた場合でも倒壊しないような家づくりを」と言われていました。必要耐力壁の強化や、鉄筋量の義務化のようなものが行われ、壁量計算に違いがあります。マンション選びは「新耐震基準」とその前の時期の「旧耐震基準」の2つがあります。どちらの基準で建てられているかによって、大きく価格差があるのです。

　その後、バブル景気が起こりました。当時は突貫工事でつくられたマンションも多いという話を聞きました。平成7年（1995年）には阪神淡路大震災があり、地震によって多くの住宅が倒壊しました。この頃から耐震性基準の見直しや、建築基準法が厳格化されました。

　そうした風潮のなかで、平成12年（2000年）には建築基準法が改正されます。耐震壁の配置バランスの数量化、引き抜き金物の規定、地盤の強さに応じた基礎の規定が制定されました。その年の4月には、品質確保の促進に関する法律、いわゆる「品確法」が施行されます。

当時は、新築住宅も法律的には２年間の建物保障が義務化されていました。しかし、電化製品でも２年の保証が付くものが多いなか、何千万円もする家が２年しか保証がないのは、おかしいということで、新築住宅については、構造上の主要な部分や雨水の侵入を防止する部分に関して10年間の建物保障を負うことになりました。このような法律改正もあり、違法建築は少なくなっていきました。

　そんな中、「姉歯偽装事件（構造計算書偽造問題）」が平成17年（2005年）に発覚しました。届出書類は適合していましたが、実際は違ったものが建てられていたという事件で、中間検査の義務化や住宅瑕疵担保履行法が制定されました。

　このように、この数十年の間で、劇的に住宅の規制が変わってきました。現在の基準とは違うこともあり、中古物件は物件によっては住む事が不可能ではないかという違法建築住宅も見られます。そのため、中古物件を検討する場合、特に規制の緩い築年数の古い物件には注意が必要です。

特定住宅瑕疵担保責任の履行までの流れ

	・必要耐力壁の強化 ・鉄筋コンクリート造の基礎義務化
昭和56年　建築基準法施行令改正（新耐震基準）	
バブル景気	・耐震壁の配置バランスの数量化 ・引き抜き金物の規定 ・地盤の強さに応じた基礎の規定
平成7年　阪神淡路大震災	この辺りの物件は要注意…？
平成12年　建築基準法施行令改正	
平成12年4月　品質確保の促進に関する法律の施行	新築住宅の「構造耐力上主要な部分」と「雨水の侵入を防止する部分」の瑕疵について最低10年間を義務付け
平成17年　耐震偽装問題	
平成19年6月　3階建以上の中間検査の義務化	
平成20年　特定住宅瑕疵担保責任の履行の確保等に関する法律	

最低限のチェック事項

🏠 確認済証等書面を確認しよう

　中古住宅の購入前に、最低限チェックしなければならない箇所があります。

　まず、「建築確認申請書一式」を売主から取り寄せて、建築確認申請の通りに実際の建物が建っているかを確認します。なかには申請内容と実物が違うケースがあるので必ずチェックしましょう。

　建築確認申請では２階建てなのに、実際にできている建物は３階建てになっている、といった例が平成15年（2003年）以前までは多数ありました。

　そのため建築確認申請と同一のものが建築されているかを検証する必要があります。その検証をするためには、物件に検査済証が取得されているかを確認することが大切です。この検査済証があれば最低限、建築確認申請の通りにできているかどうかがわかります。

　平成12年（2000年）以降に建築された３階建ての場合、「中間検査合格証」も必要になります。確認済証・検査済証・中間検査合格証は区役所や市役所、または民間確認検査機関で取得・閲覧できます。

　この３つの書類によって中古住宅の問題点の８割は確認できるはずです。

　しかし、３つの書類があったとしてもインスペクション（住

宅の状況や劣化の状態を診断する第三者の調査）を入れて調査して、構造的に問題があるかどうかを必ず確認しましょう。

最後に、建物の「メーカー保証書」です。品確法ができてからは10年間の保証が義務付けられています。築10年以内の物件は、施工業者からのメーカー保証を引き継げるか、または、第三者保証書が引き継げるかを事前に確認してください。

書面でチェックすべきこと

- **建築確認済証**
  建築確認通りに建っているか？ 建築違反ではないか？（建ぺい率・容積率）
- **検査済証を取得しているか**
- **中間検査合格証**
  ３階建住宅の場合（平成12年以降）
- **建物メーカーの保証書**
  引継ぎができているか？

現場でチェックすべきこと

書類の確認ができたら、実際に現場に行ってチェックすべきことがあります。

第4章でも少し解説しましたが、まず、外観や基礎のひび割れ、屋根の劣化、防水関係等をチェックしましょう。そして窓や扉がスムーズか、実際に開けてみて開けづらいか等も確認します。滑りが悪い場合、歪みが出ている可能性もあります。後は床下を見て、湿気や腐食がないか、雨漏りの跡等をチェックすれば大体の建物のコンディションを把握できるでしょう。

ただし、ひび割れが構造的に問題ないものなのか、経年劣化として大丈夫なのかというところは少し見ただけでは判断しきれないと思います。この辺りはリフォーム会社や建築のプロに見てもらうことをおすすめします。

現場に行って状況を見たときに、少しでも気になることが

外壁の劣化状況

防水の劣化状況

あればインスペクションを依頼します。

当社でもホームインスペクションを行っています。サービスの開始当初は10万円で調査を行っていましたが、依頼はとても少なかったです。実際、来店した方に「なぜインスペクションをしないのですか？」と尋ねると、「買うか買わないのか分からないのに10万円をかけたくない」ということでした。

しかし、インスペクションを受けずに住宅を購入し、その後で家が傾いていることが判明したり、雨漏りが発生したり、シロアリが発見されたりという大変な思いをされる方が多いことも実態です。

そこで当社では、購入を検討する際に負担がかからないように3.3万円でインスペクションできる仕組みを構築しました。

いずれにせよ、中古住宅を購入される場合は、購入前に必ずインスペクションをしていただくことを強くおすすめしています。

アドキャストオリジナル "ホームインスペクション"

ご自身では容易に見ることのできない、
また、できたとしても良いのか悪いのか判断できないような
「床下」や「屋根裏」などの、
建物の劣化具合や施工状態を確認します。

- 「欠陥住宅」や「トラブルになりそうな住宅」の購入リスクを回避できます
- 専門家の知識・経験に基づく、プロの立場で見た報告・アドバイスを受けられます
- 建物の意匠、構造、設備など、建物の本質的な性能がわかります

などなど、住宅診断（ホームインスペクション）を受けることによって以上のような安心を得ることができます。

| 住宅診断（ホームインスペクション） | ： | 5,5000円(税抜) |

※住宅購入サポートパックに入会されると、割引料金が適用となります。
詳しくはこちら ⇒ 住宅購入サポートパック

よく、物件見学をする時に、ビー玉を床に置いて傾きを確認されている方を見かけたりしますが、ビー玉が転がらなかったからといって本当に安心できますか？
床の傾きの原因は大きく分けて2種類あります。ひとつには、基礎や床組の不良、床材の不良によるもので、もうひとつには、建物全体が傾いている場合です。前者は比較的補修が簡単にすみますが、もし、後者の場合床の傾きだけではなく、後々、壁のひび割れ、漏水など様々な二次被害が出てきます。このような恐れのある物件を購入したくないですね。

アドキャスト住宅購入サポートパックに加入頂くと…
33,000円で住宅診断!

🏠 中古住宅の販売図面で注意すべきこと

第3章で販売図面の見方を解説しましたが、ここでは中古住宅の場合に絶対にチェックすべき部分を改めて解説します。それは、下に細かい文字で書いてある「備考」です。注意して読んでください。

例えば、下記の販売図面の備考には「対象不動産建物は建ぺい率及び容積率がオーバーしております」と書かれています。これは今では違法建築であるため「再建築の際は同規模の建物が建てられません」とも書かれています。築20～30年くらいの建物には高い頻度でこのような記載があります。この場合、構造的な問題だけでなく、そもそも住宅ローンが通らないケースがあるので注意してください。

違反建築!?

【建物状況調査に関する情報】
備考 売主にて実施予定無し、売主は買主の費用負担での実施に同意し、建物状況調査に協力する。
※対象不動産は建ぺい率及び容積率をオーバーしております。再建築の際は同規模の建物は建てられません。

次に、以下の販売図面の備考には「当該物件の接する道路は建築基準法の道路ではありませんので、再建築はできません」とも書かれています。

　建築基準法第43条2項には、「特定行政庁もしくは建築審査会の許可・認定がある場合のみ建築できる」と書かれています。

　つまり、再建築は特別な許可がないと、原則できないことを意味します。こういった大事なことが備考欄に小さく書かれています。

再建築不可!?

【建物状況調査に関する情報】
備考
・その他制限：世田谷北部、世田谷西部地域上北沢・桜上水・八幡山地区地区計画（土地区画整理事業を施工すべき区域）
※北東側敷地の一部が都市計画道路（計画決定）にかかります。
※当該物件の接する道路は建築基準法の道路ではありませんので、再建築はできません。ただし、建築基準法第43条第2項の規定に基づき、特定行政庁が建築審査会の同意を得て許可したものについてはこの限りではありません。

物件によっては、販売図面に「告知事項あり」と書かれていることがあります。これは人が亡くなったり、事件があったりする場合です。大きい文字ではなくて、右下の小さい文字に物件の重要な問題が目立たないように記載されていますので、特に注意深く読むようにしてください。

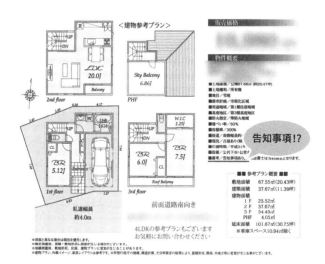

中古住宅の目利き術

🏠 中古マンションは管理を購入するもの

　中古マンションを購入する場合は、家を買うというよりも「管理を購入してください」と、いつもお客様に伝えています。

　管理を購入するとは、「きちんと管理されているマンションを購入しましょう」という意味です。集合ポストや駐輪場、ゴミ置き場、掲示板等を見ると、そのマンションが適切に管理されているか一目でわかります。

　掲示板に古い内容のものがずっと貼り出されていたり、共有部分のポストに乱雑にチラシがあふれかえっていたりする場合、このマンションの購入は再検討するべきです。

> **その他のチェックポイント**
> - ☑ 修繕積立金の確認と、それに紐づく長期修繕計画の確認（お金がまわっているか）
> - ☑ 修繕積立金の値上げの予定（総会議事録）
> - ☑ マンション全体の管理費、修繕積立金の滞納額
> - ☑ マンション竣工時からの変更事項（建築的な部分）

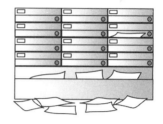

共用部分を
チェック！

🏠 中古の戸建てはメンテナンスを購入する

　中古の戸建ての場合は、「メンテナンスを購入する」と言われています。中古住宅は建物の品質が一定ではありません。

　築年数による品質のばらつきや状態は、建築した工務店によってもさまざまです。そうしたなかで、どれを買っていいのか、という判断は個々に見極めないといけません。

　中古の戸建ては、定期的なメンテナンスを含めてきちんと修理ができ、必要に応じて建物に手を加える可変性やメンテナンス性を考慮したものを購入する必要があります。

　安いから買うということではなく、プロに立ち会いをしてもらいながら、構造やつくりに問題はないか検討していくことが重要です。

6 リノベーションで理想の住まいを実現

🏠 専門家を交えて仕上がりを検討しよう

　中古住宅のチェックの仕方をさまざまな観点から解説してきましたが、中古住宅の「お買い得物件」とはどのような物件でしょうか？

　まず、中古戸建で築20年以上が経過した物件は、「この土地の価格はいくらですか？」「この建物の価格はいくらですか？」といったお問い合わせが多くあります。それは、築20年以上経過した物件は建物に価値がない、もしくは価値がとても低いと思うからだと思います。その一方で、築15年くらいまでの物件は、あまりそのようなご質問はありません。

　築15年くらいまでの物件は、ぱっと見がきれいなことと、今の建築と比べてそこまで間取りが変わらないからだと思いますが、このような物件は新築住宅と比較しただけで、中古住宅の購入を決定する方が多いのです。

　本来は、実際に土地付き中古戸建を買う場合、売買価格から土地評価価格を引いた建物の評価額はどれくらいなのかを自分で分析する必要があります。築20年以上でも土地代程度で購入できるのであれば建物に価値がなくても、お買い得だと考えられます。

　ただ、多くの方はそこまで深くは考えずに、そのまま使えるかどうかに意識がいってしまいます。

　実際は、築20年以上の物件で、間取りが今風ではなくて

も、リフォームできるかが重要です。もし、古い物件でも、リフォーム次第で自分好みの状態にできるのであれば、とてもお買い得な物件と言えるでしょう。

中古マンションのお買い得物件とは？

　中古マンションの場合、リノベーションがポイントとなります。昭和の時代は「田の字型のマンション」と言われるような、廊下もなくキッチンを通らないと各部屋に行けないような部屋だけを間仕切りした間取りが多くありました。

　しかし、最近ではこのような間取りのリノベーション（改装工事）をすることが一般化してきました。リノベーションとはライフスタイルの変化や使い方の変化に伴って時代に合わなくなった間取りや機能を向上させることです。

　売りにくい物件でも、リノベーションによって今風のスタイルに変更できれば、お買い得物件に変身する可能性が大いにあります。

　ただし、マンションによっては、配管の位置等の関係で、思うような間取りにリノベーションできない場合もあります。そのため、自分たちの想像だけでなく、必ず専門家を交えて、希望の間取りに変更できるか、リノベーションの仕上がりを検討する必要があります。

お買い得物件とは？

土地付き中古戸建の場合

- （売買価格）〇〇〇〇万円
- （土地評価価格）〇〇〇〇万円
- ─────────────
- （建物価格）〇〇〇万円

土地評価価格が高く、
建物価格が低いほど
お買得

中古マンションの場合

昔の間取りで安く購入し、
今風の間取りにできれば
お買得

🏠 中古戸建の安全性

　中古戸建で最も重要なことは、建物本体の耐久性や耐震性などの安全性が確保されていることです。条件に満たない場合には、改修やリノベーションするよりも、一旦全部壊して建て直した方がいい中古住宅も数多くあるのが現状といえます。

　常に「安い物件には何かある」と考え、注意をしましょう。インスペクション（住宅の状況や劣化の状態を診断する第三者の調査）を活用して、プロの意見をもとに物件を買うべきかどうか検討するべきです。

　リノベーションで賄えるのか、建物全部を建て直したほうがいいのかという判断は、残念ながら長年の仲介経験をもつ私でもわからないことがあります。

　一般的な仲介会社に聞いても「大丈夫じゃないですか」という程度の回答しか返ってこないと思います。その意見はあ

まり信用できません。仲介のプロと建築のプロとでは見解が異なるからです。

中古住宅を購入する際は、しっかりと調査をした上で建築のプロを交えて購入を検討する必要があります。きちんとインスペクションして、建築のプロを交えてリノベーションすれば、住まいを劇的に素敵にすることは十分に実現可能です。

中古マンション　リノベーション例

7 見落としやすい中古住宅の注意点

🏠 契約不適合責任も確認しよう

中古住宅を購入しようとする際、見落としやすいポイントがあります。

売主の保障に関して、最近では「契約不適合責任」と法律が改正されました。これはかつての瑕疵担保責任と同様のものです。新築住宅と中古住宅では大きく異なり、新築住宅の場合は構造上重要な部分や雨漏りに関して10年間の保証が不動産業者に義務付けられています。

一方で、中古住宅では不動産業者が売主の場合、保証期間は2年間となっています。

さらに売主が個人の場合は、通常は1～3カ月と大幅に保証期間が短くなるのと、売主・買主の合意によって契約不適合責任を無くすというケースがあります。

これらの点については購入前に不動産仲介会社に条件を確認する必要があります。

中古住宅は魅力的な選択肢ですが、なかには建物のコンディションで問題が発生することもあります。

築浅の物件であればまだしも、築年数が古い物件には耐震基準の問題や、もともと建築確認申請通りに建っていないものも市場には見られます。

そのため、将来的にメンテナンス費用が多大にかかる可能性がある物件を購入する場合は、トータルの維持費を確認し、

プロのアドバイスのもとに購入を判断することが重要です。

　なかにはお宝物件も見つけられることもあるので、新築住宅に限らず、中古住宅にまで検討の幅を広げてみることが大切ですが、保証内容や維持費などは必ず確認していきましょう。

契約不適合責任

契約不適合責任	
新築住宅 （売主が不動産業者）	建物の構造上主要な部分（柱・梁・基礎など）と雨水の侵入を防止する部分（雨漏り等）については、**10年間**。それ以外の部分は**2年間**。
中古住宅 （売主が不動産業者）	**2年間**
中古住宅 （売主が個人）	雨漏り、シロアリ、建物構造上主要な部位の木部の腐食、給排水設備の故障の**4点**、かつ引き渡し後**1～3ヶ月以内**に発見されたものに限り、売主に修復義務がある。 ※売主個人では免責も可

※中古住宅の場合…既存設備機器は契約不適合責任原則適用外

まとめ

☑ 中古住宅は新築の年度によって建物の信頼度が大きく異なるので注意しよう。まずは建築確認申請の通りに建っているかということを、書類上でチェック。その書類がない場合は、インスペクションが必要

☑ 中古マンションの購入を検討する場合は、適切に管理されているか確認し、中古戸建の購入を検討する場合は、メンテナンス性を考慮しよう

☑ 契約前に、信頼のおけるリフォーム会社と一緒に建築のプロに調査してもらおう

☑ 中古住宅を買う理由は割安感だけではなくて、将来的なメンテナンス費用も考慮する必要がある。何年後に防水をやり直さなければいけないのか、外壁をやり直さなければいけないのか、ということを確認しておこう

☑ 契約不適合責任は個人が売主の場合は1～3カ月と短く、不動産業者は2年間

☑ 中古住宅は新築住宅よりは保証期間が短くなっているので、購入前のチェックを怠らずに、後悔しない住宅購入を実現しよう

7章

土地購入の注意点

1 建築コストに影響するポイント

① 現状は更地？ それとも古屋付き？

この第7章では、第4章の「現地で確認すべきポイント」の内容と一部説明が重複してしまいますが、大切な内容となるので、繰り返し説明させていただきます。

土地について、現状が更地か、それとも古屋付きかについて考えましょう。

現状では6割方が古屋付きのまま売買されています。特に個人の方が売却する場合、更地にするのは面倒なので古屋付きのまま売却されるケースが多いです。

古屋を壊す際の解体費用は、年々値上がりしています。以前は坪4万～6万円でしたが、最近ではさらに相場は高くなっています。注意が必要なのは、前面の道路が狭かったり、高低差があったりといった理由で重機が入らない場合です。その場合、解体に手間がかかるため、さらにコストアップになる可能性があります。

また、廃棄物にアスベスト（石綿）が含有している場合は、解体費用が倍以上になることもあります。昭和から平成前半の建築物はアスベストを含む建材を使っていたケースが数多くあるので注意しましょう。

表面的な土地価格だけではなくて、古屋を解体して更地にした場合にいくらかかるかも考慮しておかないと、極端な話、鉄筋コンクリートの建物を解体するのに費用が1,000万円ぐ

らいかかってしまうケースもあります。土地単価の安さばかりに目をやらず、トータルの金額で考える必要があります。

更地

古家付き

② 建築する建物は隣地から十分な距離か？

建築する場合の基礎知識として大事なのは、民法234条です。この規定は隣接境界線からの建物の距離が50cm以上必要であるという内容です。民法234条2項では、それに反した家を建築した場合、建築を止めさせるか変更させることができると書かれています。そして、これを無視して建築が進められるようであれば、建築工事の差し止め請求を裁判所に申し立てられます。

ただし、民法には罰則規定がなく、生活する上での指針なので、お互いが納得していれば50cm空いていなくても問題はありません。

また、民法235条1項は、隣地境界から1m未満の建物では、宅地を観望できる窓や縁側から見られてしまう場合、隣地の方は目隠しの設置を要望できる権利があります。

ですので、隣地に対して配慮する設計をしなければなりません。隣地の権利を無視して建築してしまうと、裁判を起こ

されて、目隠しを設置しろと要求される可能性があります。

　せっかく窓をつくったにも関わらず、窓として機能しなくなってしまうといったことになるので注意してください。

> **民法でも定められている**
>
> - 建物を建築する場合には、隣地境界線から50㎝以上離さなければならない（民法234条第１項）
> - 境界線から１m未満の距離において他人の宅地を観望できる窓又は縁側を設ける者は、目隠しをすることを要する（民法235条第１項）

隣棟間の覚書

境界から50cm以内に建築をするときは、覚書を交わすのがベター

隣棟間の覚書

　甲及び乙は甲の土地(地番：東京都世田谷区 …　　　　)と乙の土地(地番：東京都世田谷区 … 　　)の境界部分に関し、下記のとおり確認しました。その証として本覚書2通を作成し、甲乙署名・捺印の上、各その1通を保有するものとします。

記

1. 甲の土地と乙の土地との境界部分については民法第234条の定めに拘わらず、境界線から互いの土地上に建築する建築外壁の距離が50cm未満でも、互いに建物の建築を承諾するものとします。但し、甲乙双方、完成後のメンテナンスができるよう配慮し、メンテナンスを行なう際は甲乙互いに協力するものとします。

2. 甲及び乙は、自己の所有土地を第三者に譲渡する場合、譲渡人に対して本覚書の内容を継承させるものとします。

3. 甲及び乙は、本覚書に定めがない事項につきましては、甲乙協議の上、誠意をもってこれを処理解決するものとします。

以上
令和×年×月×日

甲：住所東京都世田谷区・・・
氏　名○○　○○

乙：住所東京都世田谷区・・・
氏　名△△　△△

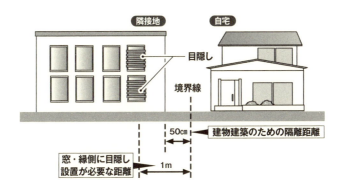

③ ライフラインはどうなっているか？

土地購入後にライフラインのトラブルが見つかることがあります。ガス・上下水道の給水・排水状況がチェックされないまま土地が売買されているケースもあります。もし、各配管が通っていない場合は、前面道路からの引き込みが必要です。前面道路に配水管が入っていない場合は、公道から引き込む必要があります。公共の配水管が遠い場合は工事費が500万円以上かかってしまうケースもあります。

特に東京都は、宅地内の上水道管の口径が通常では20mmと義務付けられています。しかし、昭和の時代は、口径13mmの上水道管が使用されているケースが多く、その場合は引き直しをしなければなりません。上下水道・ガスの状況が建築するにあたって、きちんと万全に整備されているかどうか、土地を購入する前に必ず確認しましょう。

④ 地盤はどうか？

　地盤改良工事は、軟弱地盤だった場合、地盤改良工事だけでコストが200万～300万円かかるケースがあります。予想外の出費となりますので、注意が必要です。

　特に川が近い土地や暗渠(あんきょ)がある低地、地名に沼・沢・川・水等がある場合は、埋め立て地である可能性が高いです。東京都内で例えると、山手線の東側の地域、江戸川や葛飾、江東区等の周辺は、かつて沼地だったため軟弱地盤の場所が多く見られます。また、品川区や大田区の海側も埋め立て地が多いため、20mくらいまで地盤の固い支持層がないことが多く、高額な地盤改良工事が必要になる可能性があります。

　現在では、地盤のデータをインターネットで簡単に調べられます。各自治体でも地盤データは公開していますし、地盤会社に言えば調査もしてくれます。

　さらに、ハードルは高いですが、近隣住民の方に「この辺の地盤状況はどうですか？」と聞き込みをしてみましょう。

　それでも疑問が残る場合は、購入前に簡易地盤調査を売主に対してお願いすることも、可能な場合があります。10万円程度でできるので、不安な方は依頼をしてみても良いかもしれません。

地盤調査

⑤ 土壌汚染はあるか？

　その土地で以前に建っていた建物の用途を確認しましょう。以前に建っていた建物がクリーニング店や薬品工場、印刷工場、ガソリンスタンド等だった場合、有害物質を取り扱っていることが多いので、土壌汚染の確認が必須です。

　また、隣接地にも有害物質を扱っている建物がないか確認することも大事です。土壌汚染が見つかったら、その土地全体の土壌改良が必要になります。

⑥ 地中埋設物はあるか？

　家の建築を始めてみたら、隣地の配管や浄化槽や井戸、コンクリートガラ、基礎、鋼管杭等が地中から発見されて、トラブルになるケースがあります。

　地中埋設物を含め、問題がないかどうか、また途中で出てきた場合は売主に対して請求していくことが必要なので、契約不適合責任（瑕疵担保責任）に関して契約前に仲介会社とよく話をしておかなければなりません。

2 トラブルになりそうなポイント

🏠 前面道路は公道か私道か？

建築する際に前面道路が私道の場合、原則として所有者からの「私道承諾書」が必須になります。私道承諾書を得なかった場合、上下水道やガスの工事ができなかったり、車の通行を阻害されたりすることが起こります。

よくあるトラブルとして、もともと前面道路に車が通っていない、駐車場がないような道路に駐車場を設置しようとして、近隣住民から反対されることがあります。実際に私道承諾で揉めてしまい、年に60回しか車を通行させられないと制限されてしまった方もいます。そういった状況になるのを防ぐために私道承諾書があります。私道承諾書には、上下水道・ガスの工事を行う場合に道路を掘る掘削許可や、車で通行してもいいということ、第三者に譲渡した場合にそれも引き継ぐという内容が書かれています。

- 掘削の承諾
- 車を含む通行承諾
- 第三者継承

この3つの項目が私道承諾書に織り込まれているかしっかりと確認しましょう。

私道と公道の境目を表す目印や覚書

ポール

車止め

この道路について
■■宅と■■宅との間に
各々年六十回を限度として
自動車の通行を
認めることを協定しました

通行および掘削等の承諾に係る覚書

〇〇〇〇（以下「甲」という。）および△△△△（以下「乙」という。）は後記表示の私道（以下「本件私道」という。）および乙所有の土地（以下「乙所有地」という。）について 次のとおり合意したため、本覚書を締結します。

記

第1条（通行）
　甲は乙または乙の関係者が本件私道を無償で通行すること（車両を含む）を承諾します。

第2条（敷設および掘削）
　甲は次の事項を承諾します。
　(1) 乙が本件私道に上下水道管およびガス管等（以下「水道管等」という。）を敷設すること。
　(2) 本件私道への水道管等の敷設、修繕および交換等の工事のため、乙および乙が手配する事業者等が本件私道を掘削すること、

第3条（継承）
　乙が乙所有地を第三者に譲渡した場合、甲は当該第三者に対しても本覚書第1条および第2条の事項について承諾します。
　2 甲が本件私道を第三者に譲渡した場合、甲は当該第三者に対しても本覚書の承諾事項 をさせます。

　上記合意の証として本覚書2通を作成し、甲・乙署名押印の上、各1通を保有します。

以上

私道の表示
甲土地 東京都世田谷区・・・・・
乙土地 東京都世田谷区・・・・・

令和〇年〇月〇日

（甲）住所 東京都世田谷区・・・・・・
　　氏名 〇〇〇〇　印

（乙）住所 東京都世田谷区・・・・・・
　　氏名 △△△△　印

3 意外に見落としやすいポイント

① 建ぺい率・容積率だけで判断していないか？

　土地を購入する場合、建ぺい率や容積率だけを参考にしている人がいます。容積率が200％で土地が50㎡あれば、100㎡の建物が建てられるだろうと目算で考えてしまうことがあります。

　ところが建築する場合、建ぺい率や容積率だけでなく、高さ制限や高度制限、道路斜線制限等、さまざまな要素が絡んでくるので、1つひとつ確認する必要があります。

　さまざまな制限を含めて建物のラフプランを作成し、その上で土地を購入するか判断しなければなりません。土地の広さを確認し、建ぺい率、容積率だけで安易に判断して土地を購入しないようにしてください。土地購入後、延床面積が必要としていた面積を満たせず、希望の間取りが入らないことが、後から発覚する場合が意外と多いのです。

　また、間口の狭い物件は、測量図の寸法を確認するだけではダメで、境界塀や電柱などがあり、車が入れられないことがあります。

　そういうことにならないように、測量図寸法だけではなく、実際の状況を確認することが重要になります。

本当にあった失敗例

土地を購入したAさんの失敗例を紹介します。接道の狭い敷地延長の物件で、購入時の測量図には駐車場は2.5mの幅がありました。お気に入りのトヨタ・セルシオ（2006年に販売終了の大型セダン）を問題なく駐車できると考えていたのです。しかし、土地の引き渡しを受けた後に確認したところ、実際には2.2mしかありませんでした。それは、境界塀が内側に両方設置されていたからです。そのため、車は駐車できるものの、車内からドアを開けられず車から出られなかったそうです。このようなケースもありますので、駐車スペースについては十分ご注意ください。

② 建築資金の準備は大丈夫か？

注文建築を建てる場合は、手付金・中間金・完成残代金と、時系列にしたがって建築費を支払います。

ほとんどの工務店では建築費を契約時にいくら、上棟するときにいくら、工事が終了したときにいくらというように複数に分けて支払うケースが多いです。

一方、建売住宅の場合は、最初に購入金額の5％（未完成の場合）を入れて残りは引き渡し時に入金するだけです。

工務店で家を建てる場合、どういうタイミングでお金が必要なのかをしっかり確認してください。難題なのは、建物の住宅ローンは、基本的に建物が完成したときに融資される点です。そのため、完成前の支払いは自己資金を自前で用意しなければならないことが多いです。なかには中間金を部分的

に融資してくれる銀行がごく少数ですがあります。注文建築を検討している方は、融資を細かく分割実行してくれる銀行を選ぶことをおすすめします。

> ### 建築資金の準備で本当にあった失敗例
>
> 昔から自分で好きな家を建てたいと考えていたTさん。依頼する工務店は決まっていましたが、工務店に行ったときに「まず土地を取得してください」と言われたので、不動産会社に行きました。
>
> Tさんは自己資金が少なくて不安でしたが、不動産会社からは問題ないと言われ、土地を購入しました。ところが土地購入で自己資金を使い果たしてしまったのです。Tさんは工務店に向かいましたが、そこで「当社ではその頭金では無理です」と衝撃の宣告。Tさんは泣く泣く自分の手持ち資金で対応してくれる工務店を消去法で選ぶしかありませんでした。
>
> もし依頼したい工務店があるのなら、どんな資金立てが必要かを事前に確認し、それに合わせたローンスキームをあらかじめ考えておく必要があります。
> 注文建築には、土地購入から実際に建てるまでに、建売住宅と比べて注意するポイントがたくさんあります。しっかり不動産仲介会社に事前確認を行ってください。

まとめ

☑ 建築コストの増加要因は、古屋付き・ライフライン・地盤・土壌汚染・地中埋設物

☑ トラブルになりやすい要素は越境・隣棟間・境界

☑ 災害リスク・斜線制限・境界塀・建物資金は見落としやすいので要注意

☑ 土地を購入して注文建築を建てるのは夢のある話だが、チェックしなければならないことがたくさんあることは理解しておこう。それを踏まえてストレスのない土地購入、注文建築を進めよう

8章

申し込み時のポイント

申し込みから契約までの流れ

🏠 不動産購入申込書を持って交渉に行く

販売図面や現地の確認を終えて、物件購入を決めたら、いよいよ申し込みをしましょう。第8章では申し込みから契約するまでの流れを解説します。物件を探して購入物件が見つかった場合、すぐに契約するのではなく、まず購入の意思を伝えるため、売主に申込書を提出します。

「不動産購入申込書」にお客様の住所、氏名（共有名義の場合は2人分記載）などの個人情報を書きます。そして、希望する金額や条件があればその内容を記入し、手付金、引き渡しの日付、物件の所在地といった物件に関する詳細を記載します。

不動産仲介会社はこの不動産購入申込書を持って、売主に交渉に行くことになります。

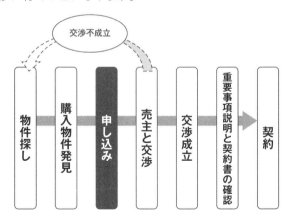

申込書の例

不動産購入申込書

年　月　日

株式会社アドキャスト　御中

住所

氏名

私は、貴社より紹介を受けております下記表示の不動産を、記載条件にて購入することを合意し申し込みますので、その旨貴社に報告します。

記

1.購入価格および支払条件等

購入価格 (内消費税額 円也)			円也
手付金	本契約締結時支払い		円也
内金	第1回	令和　年　月　日	円也
	第2回	令和　年　月　日	円也
残代金	令和　年　月　日		円也
2.融資の利用予定	□ 有　□ 無		円也
3.契約締結予定日	令和　年　月　日		
4.実測精算の有無	□ 精算する(1㎡あたり金　　円也)	□ 精算しない	
5.引渡し	□ 現況有姿	□ 更地渡し	
6.その他			

《本物件の表示》

土地	所在地番		建物	所在地			
	地目	□ 宅地 □ その他(		家屋番号		種類	
	地積	㎡		構造		床面積	㎡
	区画	号棟(区画)		建物名			

申込人　　　　　　　　　　　　　　共有者

フリガナ		年齢	フリガナ		年齢
氏名		歳	氏名		歳
勤務先	名称:		勤務先	名称:	
	所在地:			所在地:	
所属		役職	所属		役職
職種		勤続年数　　年	職種		勤続年数　　年
前年年収	万円	□ 源泉徴収 □ 確定申告	前年年収	万円	□ 源泉徴収 □ 確定申告
入居者	大人　人　子供　人		同居の有無	□ 有　□ 無	
自己資金		万円	自己資金		万円
既存借入		万円	既存借入		万円

※当社は速やかに上記条件にて売主と折衝いたしますので、売主の応諾が得られ次第売買契約の締結をしていただきます。
※本件不動産購入に関わる条件のとりまとめは、当社に一任し他の不動産会社で重複の申し込みはできません。
※ご契約締結までは売主、売主仲介会社へ直接連絡することはせず、当社経由でのやり取りをお願いします。
※上記物件の売買契約が成立しましたら、仲介手数料をお支払い頂きます。

2 申し込みの意味と効力

🏠 何のために申込書を書くのか？

実を言うと、本来は申込書がなくても契約は可能です。では、なぜ申込書を書くのかというと、理由は2つあります。

①契約条件の交渉

②優先順位の確保

1つ目の契約条件の交渉は、お客様が希望する購入条件を売主へ提示して交渉しますが、例えば、7,500万円の物件を7,000万円で買いたい場合、申込書にその希望額を交渉条件のなかに書き込みます。その上で、不動産仲介会社が売主に「この条件で売ってくれませんか？」と交渉するための申込書なのです。

2つ目の優先順位の確保は、不動産購入の際によくあることですが、複数の購入希望者がいた場合、先に申し込んだ人が優先して購入できるということがあります。売主にもよりますが、基本的には申込書を先に書いた人が、購入できるようになることが多いので、購入したい物件があれば、なるべく早く申込書を書く必要があります。

🏠 申込書に記載する事項は？

申込書には、まず住所などの個人情報と、購入物件の情報を記載します。その他にも、契約に関する条件・金銭的な条

件等を記入します。金額交渉やオプションをサービスしてほしい場合はその旨を書き加えます。

　その時の条件の記入は、「確定測量をきちんとしてほしい」「境界ポイントがないのでその復元をしてほしい」といった具体的な条件を記載します。条件交渉は申し込みのときにしておかないと、契約の直前に話がまとまらず、破談になる可能性が高まります。物件的に何が問題なのか、どの金額で買いたいのかといったことは、この申し込みの時点で正確に売主に伝えなければなりません。

　条件が整った場合、いつ契約するのか、手付金がいくら必要なのかということも条件を記載しながら確認していきます。

申込書に記入する事項

① 住所・氏名

② 購入物件の住所や面積

③ 契約するための条件
　（金銭的条件：購入希望価格・別途オプションサービス）
　（物理的条件：確定測量やポイントの復元etc）

④ 条件が整った場合の流れ

🏠 購入申込書の効力とペナルティ

　購入申し込みに関しては、法的効力は一切ありません。契約しなくてもペナルティはないので、基本的には信義上の問題だけです。

　申し込みに関して起きた出来事を1つ紹介します。以前、杉並に9,000万円の物件があったのですが、その物件を6,000万円で買いたいという方がいました。当時、杉並で支店長をしていた私は、部下が申込書を持ってきたときに、「9,000万円の物件を6,000万円で買えるわけがないだろう」と伝えました。売主がそこまで安くしてくれるわけがないと思ったのです。

　とはいえ、せっかくオファーをいただいたので、その条件を売主へ持っていったところ、たまたま売り急いでいたため、6,000万円で売ってくれることになったのです。

　ところが、問題が発生しました。買主が申し込みの後にアメリカに出張し、数日後帰国してから契約の続きを進めようとしたところ、売主はその物件を別の方にすでに売却してしまっていました。

　結局、最初に6,000万円で購入しようとしていた方は契約できなかったのです。その方からすれば、「申込書を書いて合意しているのだから、何で別の人に売るのか」ということで弁護士にも相談し異議申し立てをして損害賠償請求も考えたほどだそうですが、最終的には弁護士の見解も申込書だけでは口約束と同じで、法的な効力はないということで諦めることになりました。このように購入申込書には法的拘束力やペナルティはありません。

金額交渉をして、安い金額で一度合意しても、契約締結までの間は横から提示額より高い金額で買いたい方が出てきたら、売主はそちらに売却する可能性が高いので、希望条件が整うのであれば早めに契約するのが大切です。

申込金は不要

買主が記入した申込書をもとに、不動産仲介会社は売主と交渉します。時々、交渉時に申込金を要求される場合があります。しかし、これは預けなくても問題ありません。

以前、ある方から不動産購入に関してご相談を受けたことがあり、その方の申込書のコピーをチェックしたところ、なんと申込金を300万円ほど仲介会社に渡していることが判明しました。なぜお金を渡したのかを尋ねると、「これが不動産取引では一般的です」と仲介会社から言われたそうです。

申込金をもらわないと交渉できないというのは全く根拠のない話です。きっと申込金をもらうことで、買主に断りづらくさせるというテクニカルな話だと想像ができます。繰り返しますが、申込金を預ける必要はありません。

3
よくあるQ&A

Q 申し込みから契約までの適切な期間は？

A 購入申込書のところで触れたように、希望の金額や条件が通るのであれば、なるべく早く契約した方が良いでしょう。なぜなら、売主も買主もお互いにいつでもキャンセルすることが可能だからです。

例えば、7,500万円の物件に対して7,000万円で買うという人がいたとします。そこで話がまとまっていたとしても、契約直前に7,500万円で買いたいという人が出てきたら、売主の気持ちを考えればわかると思いますが、後から7,500万円で買いたいという人に売却してしまう可能性はとても高くなります。

私のおすすめは、1週間程度の時間をおいて契約することです。土日に物件を見て気に入ったら、翌週末に契約をするイメージです。その間に不動産購入に関する不安材料を検証していきます。例えば、本当に支払いができるのか、物件に問題がないか等、1つひとつをリサーチする期間に充てましょう。

申し込みが多い物件は、契約日優先で、契約を急がされるケースもあります。ただし、この場合でも、申し込んだ当日や翌日に契約するのは危険です。時々聞くのが、「他で申し込みが入ってしまう」と言われたので、コンビニでお金を下ろして当日に契約したという例です。後になってじっくり調べ

てみると、大きな問題がある物件だと発覚したのでやめたい、という相談が多くあります。

　不動産仲介業者としては、買主になるべく考える余地を与えないようにします。しかし、不動産は何千万円、何億円という買い物ですから、なるべく物件の問題点や支払いのリスクを検討する時間を確保して、落ち着いて考えることが大事です。

Q 申し込みからキャンセルできるリミットは？

　A 申し込んでからキャンセルできる期限ですが、基本的に契約の手続きを行い、手付金を支払うまではいつでもキャンセル可能です。逆にいえば、手付金を支払い、契約手続きを完了してからキャンセルしようとすると、手付金を失うことになりますので、腹を決めておく必要があります。

Q 交渉成立したけど契約しなかった場合は？

　A 交渉成立したけれど契約締結前であれば、いつでもキャンセル可能です。「申し込みをしたけれど契約できなかったから損害賠償を請求された」という話をたまに聞きますが、本来そういったことはありません。ただし、契約した後にキャンセルすると、手付金を放棄するといったペナルティが発生します。契約前であればキャンセルにペナルティは課されません。

Q 申し込みから契約までの間で注意すべきポイントは？

A これから長期間にわたって本当に住宅ローンを払っていけるかをしっかりと確認してください。また、物件的に問題ないか等のリスクの確認を徹底的にしてください。

Q 申し込みまたは契約後のクーリング・オフの適用は？

A 申し込みまたは契約した後、一度契約が成立するとその契約に拘束され、お互いに契約を守ることが原則ですが、この原則に例外を設けたのが「クーリング・オフ」制度です。もちろん不動産売買にも適用されますが、以下のような条件がありますので注意が必要です。

①売主が宅建業者である
②事務所等「以外」の場所で申し込みまたは契約している

①かつ②の条件を満たせば、原則としてクーリング・オフが適用可能です。しかし、②は買主が自ら自宅や勤務先を指定した場合、クーリング・オフ制度は認められません。逆に言えば、事務所以外で申し込みまたは契約した場合の、場所の指定が売主からの申し出であれば、クーリング・オフは適用できるということになります。

まとめ

☑ 申込書を書くのは条件交渉と優先順位の確保のため。契約前であればキャンセルは可能なので、気に入った物件があれば、早めに申込書を書こう

☑ 申込書には、金銭的な値引き交渉、ポイントの復元や測量をしてほしい等の条件を具体的に書いておくこと

☑ 契約するまではキャンセルが可能なので、申し込んでから契約までの間にリサーチをしよう。契約のリスクや物件リスク、支払いリスクを含め、申し込みから契約までの期間を最大限に利用して不安を解消しよう

☑ ただし、金額交渉など、希望条件が通り、物件のリスクや支払いのリスクが解消できた場合は、早めに契約をする

9章

契約前に
注意すべきこと

1 契約前の2つの不安

🏠 不安は契約前に解消しておこう

　お客様に「契約前はどういうところが不安ですか？」と聞くと、大抵の場合「支払いの不安」と「物件の不安」が返ってきます。第9章ではこれら2つの不安について解消する方法を解説します。

　前提として、第8章で解説しました購入申込書を書いてから契約までの間が非常に重要です。申し込みから契約までの間はキャンセルしてもペナルティはなく、法的拘束力もありません。キャンセルしたら違約金が発生すると心配される方がいますが、この段階では大丈夫であると前章で申し上げました。

　その後に契約して手付金を納めますが、一度契約してしまった後に、「やはり支払いが不安だ」「物件に問題があるのではないか」と心配になり、自己都合で「やっぱりこの物件の購入をやめます」とキャンセルすると、一度入金した手付金が戻ってこなくなります。申し込みから契約する直前までの間に起こりうる問題や不安点に関しては、徹底的にリサーチして解決しておきましょう。

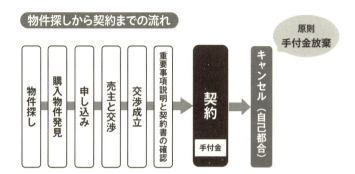

物件探しから契約までの流れ

物件探し → 購入物件発見 → 申し込み → 売主と交渉 → 交渉成立 → 重要事項説明と契約書の確認 → **契約（手付金）** → キャンセル（自己都合）

原則 手付金放棄

1　支払いの不安

2　物件の不安

契約前にこの2つを解消しておきましょう！

9章 ▼ 契約前に注意すべきこと

2 支払いのリスク

🏠 支払いの不安を取り除く

　支払いの不安があるのは仕方のないことです。しかし、きちんと考え、問題を解決していけば不安を払拭できます。

　まずは月々の支払いについて、契約した直後は払っていけるのは確かでしょうが、35年ローンを組んだ場合に完済年齢がいくつになるかというところまで考えておきましょう。最近は晩婚化も進み、40代で住宅を購入する方も珍しくありません。80歳までローンは組めますが、完済時の年齢を考えた場合、その頃には仕事をしていなかったり、年金暮らしだったりすることは容易に想像できます。

　そうした状況でローンを払っていけるかを考えると、はっきり「払い続けられます」と断言できる人は少ないでしょう。

　次に、お子様の教育費の負担についてです。小学校、中学校を私立にするのか公立にするのかで負担額は大きく変わります。また、大学で医学系を目指すとしたら教育費は巨額になることが考えられます。家を買ったことで資金が足りなくなり、お子様の進路の選択肢を狭めてしまうのは本意ではないでしょう。ローンの支払いについては、教育費の確保も含めて考える必要があります。

　最近は共働き率が増えて、約70%の世帯が共働きだといわれています。当社のお客様でも共働きの方が多く、世帯で高収入が見込めるため、住宅を買いやすい状況になってきてい

ます。

　共働きのリスクは、産休や育休の際、奥様の収入が一時途絶えることです。そこを踏まえて貯蓄をどうするかといった対策を、今のうちから考えていくことはとても大切です。

　マンションの場合は、修繕積立金がメンテナンス費用として、毎月積み立てられる場合が多いですが、戸建ての場合の修繕費は、自分で積み立てる必要があります。10〜15年の間に屋根のふき替えなどの防水工事で100〜150万円はかかると見込んでおきましょう。

　さらに15〜25年後には水回りが傷んできますので、補修工事や配管の全交換等の大規模リニューアルの費用が発生することも考慮しておかなければなりません。

①支払いリスクを解消しよう

支払いの不安

- ☑ 月々支払っていけるか
- ☑ 35年ローンを無事完済できるか
- ☑ 今後の教育費負担は大丈夫?
- ☑ 妻が産休や育休のときの支払いは?
- ☑ 家の将来のメンテナンス費用は?

🏠 10年後にリセールできるか？

　当社では住宅を購入する前に、お客様にローンシミュレーションを提示しています。例えば、6,000万円を年利0.475%で組んだ場合、35年でローンを計算すると月々の支払いがどれくらいになるのかということや、元金と金利がどれくらいの割合になるのかという比率をシミュレーションします。

　ポイントになるのは、10年後の残債額を知ることです。築10年経った後に、いくらでリセールできるかという視点でお客様と話し合います。そのときに残債割れしてしまうような物件だと問題が多いとわかります。逆に、残債を上回るパフォーマンスを取れる物件であれば、リスクは少ないと判断できるわけです。

　月々の支払いもありますが、10年後、15年後を含めた残債計画と、売却したときの差益が出るかどうかを検討しておき、その上で金利上昇リスクも考慮して購入を考えていく必要があります。

　時折、問い合わせで「世帯年収1,000万なのですが、いくらローンを組めますか？」というご相談をいただきます。しかし、ご家庭の状況によって支払える金額は違うので、一概には回答できません。

　例えば、世帯年収といっても、パートナーがどこまで仕事を続けるのかによってもローンの支払い可能額は変わります。また子どもの教育費や、趣味、旅行などのライフイベントで収支が大きく変化する可能性もあります。いろいろなことをトータルに考えて回答しますので、年収が1,000万円あったとしても、状況に応じてローンに回せる金額が変わってくるため、お話を

しっかり伺ってからでないと正しく返答ができないのです。

住宅ローンシミュレーションの一例

借入金額：6,000万円／金利：0.475%／返済年数：35年

回数	当月返済額		毎回分返済額内訳		
			元本	利息	元金残高
1回目	2025/01/31	155,544	131,339	24,205	59,868,661
2回目	2025/02/28	155,089	131,392	23,697	59,737,269
3回目	2025/03/31	155,089	131,444	23,645	59,605,825
4回目	2025/04/30	155,089	131,496	23,593	59,474,329
5回目	2025/05/31	155,089	131,548	23,541	59,342,781
6回目	2025/06/30	155,089	131,600	23,489	59,211,181
7回目	2025/07/31	155,089	131,652	23,437	59,079,529
8回目	2025/08/31	155,089	131,704	23,385	58,947,825
9回目	2025/09/30	155,089	131,756	23,333	58,816,069
10回目	2025/10/31	155,089	131,808	23,281	58,684,261
11回目	2025/11/30	155,089	131,860	23,229	58,552,401
12回目	2025/12/31	155,089	131,912	23,177	58,420,489
13回目	2026/01/31	155,089	131,965	23,124	58,288,524
14回目	2026/02/28	155,089	132,017	23,072	58,156,507
15回目	2026/03/31	155,089	132,069	23,020	58,024,438
110回目	2034/02/28	155,089	137,129	17,960	45,236,497
111回目	2034/03/31	155,089	137,183	17,906	45,099,314
112回目	2034/04/30	155,089	137,238	17,851	44,962,076
113回目	2034/05/31	155,089	137,292	17,797	44,824,784
114回目	2034/06/30	155,089	137,346	17,743	44,687,438
115回目	2034/07/31	155,089	137,401	17,688	44,550,037
116回目	2034/08/31	155,089	137,455	17,634	44,412,582
117回目	2034/09/30	155,089	137,510	17,579	44,275,072
118回目	2034/10/31	155,089	137,564	17,525	44,137,508
119回目	2034/11/30	155,089	137,618	17,471	43,999,890
120回目	2034/12/31	155,089	137,673	17,416	43,862,217

10年後（支払い120回目）の元金残高は
43,862,217円

金利上昇リスクを考慮の上、検討しましょう！

世帯のライフスタイルやライフステージによって支払いの不安を解消

共働き世帯

パートナーが
・どこまで仕事するのか？
・いつまで仕事を続けるのか？

当社では「ライフプランシミュレーション」を10数年前から無料で行っています。元々、私はファイナンシャルプランナー事務所で不動産を扱っており、当初は2万～3万円ほどでライフプランシミュレーションを提供していました。その当時、ライフプランを有料で希望される方は少数でしたが、そういった方は問題のないケースが多く、残りの95％の方が「ライフプランはいらないけど、とりあえず契約したい」という考えで、将来の支払いは深く考えないというのが一般的でした。

　しかし、これでは不動産購入後にローンを支払えない人が増加してしまうと考え、2008年のリーマンショックの頃から当社ではライフプランシミュレーションを無料化したことで、多くの方に利用していただけるようになりました。実際に多くの方のシミュレーションを行ってみると、驚くべきことに80％の方のライフプランが赤字になり、住宅ローンが完済できない状況にあることが明らかになりました。

　これを受けて、お客様と協力して黒字化するための具体的な対策を真剣に考えるようになりました。早めの繰り上げ返済や、奥様が5年後に退職せず、さらに10年働くこと、ご主人が65～70歳まで働き続ける等、実現可能な具体策を検討することで、80％程度が住宅ローンを支払っても問題ない状態になり黒字化できるようになりました。これからのライフイベントを想定し、起こり得る問題に対する対策を考えながらライフプランを具体的に構築していくことが重要です。特にお子様の人数や、通う学校の公立・私立による費用の差等を含め、シミュレーションすることで簡単に費用感が把握できます。また、細かい点も含めて可視化することで不安を取り除いていくことができるでしょう。

物件のリスクについて

🏠 重要事項説明をしっかり理解しよう

住宅の契約をする際には、「重要事項説明」と「契約書」の取り交わしが必要になります。

重要事項説明とは、仲介業者が物件を調査して作成する物件情報や法令制限、契約条件などの重要な内容を説明することです。宅地建物取引業法（宅建業法）には、不動産取引の際に必ず重要事項説明が必要だと定められています。

②物件リスクを解消しよう

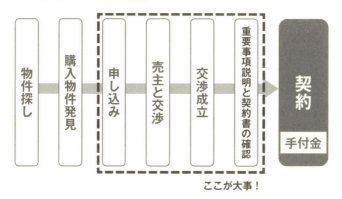

物件探し → 購入物件発見 → 申し込み → 売主と交渉 → 交渉成立 → 重要事項説明と契約書の確認 → 契約（手付金）

ここが大事！

宅建業法の35条の規定により、不動産仲介会社は物件を調査して、不動産売買契約を交わす前に、宅地建物取引士の有資格者が重要事項説明書をもとに不動産の説明を買主にしなければならないと決められています。

　法的には重要事項説明は契約の前となっていますが、通常は契約の直前に行われます。例えば、申し込みをして契約が決まったとします。その後の契約の直前に「重要事項説明をします」となるのが一般的です。そのため、理解がうやむやなまま契約してしまう人が多いです。

　しかし、本来であれば契約前日までに時間をかけて重要事項説明書を読み解いて、しっかり理解した上で契約に臨むことが理想です。

 重要事項説明はいつ受けるの?

「法的には契約の前に」となっているが…

現状
契約同日 or 直前
売主と会う1時間前など

理想
契約の前日までに
しっかり読み込み、
理解の上契約へ

重要事項説明はいつ受けるの？

　重要事項説明書に記載された内容は、登記簿に記載された事項と法令に基づく制限や、道路に関する事項、インフラに関する事項、ローンや契約解除に関する事項、損害賠償、手付金、保全措置等、不動産購入について多岐にわたります。

　ここに私は疑問と不安が生じるのです。果たしてお客様は重要事項説明を一度聞いただけで、十分理解できるのだろうか。毎回このような疑問を感じています。かつて私が不動産会社に勤めていたときも、重要事項説明は契約の直前に行う慣習となっていました。2時間かけて説明して終わった後、お客様に「何か質問ありますか？」と尋ねても、たいていは「質問すべきことがわかりません」と言われることが多かったです。内容が多い上に、専門用語が多くて、お客様としても何を質問していいのかわからないのです。

　また注意すべき点は、重要事項説明だけで説明は全くもって不十分であるということです。生活に大切な情報は重要事項説明書に記載されていないことが多いのです。ゴミ置き場や学校の評判、災害リスク、近隣の問題等は、重要事項説明書には一切記載する義務はありません。

　重要事項説明書に記載されている事項は、いわゆる契約事項に関連するものが中心なので、近隣の住みやすさや町内のイベント等の生活に関わる周辺の重要な事項は、一切含まれていないと理解してください。

重要事項説明に記載されている内容

対象物件についての説明

①登記簿に記載されている事項
▶ 面積の確認・売主の確認・抵当権の確認など

②法令に基づく制限
▶ 都市計画法・建築基準法に基づく制限
▶ 建ぺい率・容積率・斜線制限・道路の種別など

③私道負担に関する事項
▶ 私道負担の有無、負担面積

④上下水道・電気・ガスの供給施設の整備状況
▶ 前面道路及び宅地配管の有無

⑤建物建築完了時の形状、構造
▶ 外観・内装仕様・設備の確認

⑥代金、交換差金以外に授受される金銭の額及び授受の目的
▶ 手付金・固都税・その他費用についての説明

⑦契約の解除に関する事項
▶ 手付け解除・契約違反による解約・ローン特約による解除など

⑧損害賠償の予定または違約金に関する事項
▶ 損害賠償、違約金の予定額など

⑨手付金等の保全措置の概要
▶ 手付金等の保全措置の有無、支払金または預かり金を授受する場合の保全措置の有無および概要など

⑩住宅ローンの斡旋の内容および住宅ローンが不成立の場合の措置

⑪契約不適合責任の内容

⑫付属書類の説明

大まかには上記12項目は最低限の説明義務がある。

不動産仲介会社に数十万、数百万円の仲介手数料を支払う以上本来は、重要事項説明書に掲載されていない生活に関わる情報も徹底的に不動産仲介会社に調査させるべきです。も

しそれが難しい場合は、お客様ご自身で調査を行うことが防衛策として必要になってきます。

当社ではこうしたトラブルを防ぐためにも、設立当初から独自の「物件調査報告書」を作成しています。物件の近隣に住む人々に対して、「住み心地はどうですか」「近所に変な人はいませんか」「近所でトラブルはありませんか」「水害は起きていないですか」といった情報を聞き込み調査し、あらゆる局面で調査可能なレポートを提供しています。当社での仲介がない場合は、20万円（税別）で物件調査報告書のみを作成しています。

当社で不動産を購入いただく方は、安心サービスとして「住宅購入サポートパック」に加入していただければ2件まで無料で、物件調査報告書を作成しています。最近は、物件自体ではなく、近隣の問題や不動産を購入した後のトラブルに関する相談が多くなってきましたので、当社ではこのような物件調査を実施しています。

重要事項説明書や契約書については、契約当日になるべく重要事項説明を行わないようにスタッフに指導しています。本来ならば、重要事項説明を受けて問題が発覚すれば契約を中断できるはずですが、契約当日だとなかなか断りにくい状況が生まれてしまうからです。

おすすめしているのは、契約の前日までに、物件調査報告と重要事項説明を受けて、問題があれば即座に契約をキャンセルしてもらうことです。契約当日に重要事項説明を受けてすぐに契約に進む段取りだと、あたふたとした契約締結になってしまいます。当社には一生涯のパートナーとして寄り添うという方針があるので、契約の前日までに、重要事項説明

を行い、納得していただいたうえで契約に進むようにしています。

ただし、お客様によっては2日も時間を取れない方もいらっしゃいます。その場合は午前中に物件説明をして、一旦お食事をしていただいてから、午後から契約する等、できるだけ余裕を持って契約できる状況をつくるようにしています。

また、私たちとしては、トラブルの予測される物件であれば、購入しない方が良いと考えています。このような取り組みにより、当社では契約時や引渡し後に物件に関連するトラブルはほぼ発生していません。物件の引渡し後に問題が起こりそうなことは宅建業法の範囲に関わらず、開示することによって引渡し後にお客様が後悔したり不安に思うことが減ってきていると実感しています。

重要事項説明だけでは充分でない!?

その他気になる事項

- 水害履歴
- 近隣トラブル等
- 近隣の人柄や地域性
- 周辺の事故や事件
- 学区情報(学校の評判や評価など)
- 住み心地は?
- ゴミ置き場の場所や当番、町内会について
- 昔はどんな建物が建っていたのか
- 地歴、墓地、沼、貯水池など…

まとめ

☑ 物件申し込み後すぐの契約は避け、1週間程度空けてその間にじっくりと落ち着いて考えよう。その上で、契約に臨むことがベスト

☑ 競合がいた場合は、売主さんから「待てません」「契約優先です」等と言われることがあり、早めに契約するケースもある。しかし、後々のトラブルを避けるためには、考える期間を確保した上での契約を心掛けよう

☑ 支払いのリスクを解消するためには、自分自身のライフプランに合わせて検討しよう

☑ 物件のリスクを解消するためには、現場周辺の調査が必要。近隣住民に問題はないか、ゴミ置き場はどうか、水害履歴・近隣の地盤は大丈夫か等のデータについて不動産仲介会社に調査を依頼しよう

☑ 重要事項説明書は契約直前ではなくできれば契約の前日までに説明を受け、十分に理解し、納得したうえで契約することがトラブルを防ぐ秘訣

☑ 重要事項説明書を確認する段階で、問題があればきちんとキャンセルしよう

10章

売買時の
注意ポイント

1 重要事項説明書の説明

🏠 重要事項説明書の説明が義務付けられている

第10章では、売買時の注意ポイントを解説します。不動産を購入する場合、契約する前に宅地建物取引士による重要事項説明書の説明が義務付けられています。一般的な流れは以下の通りです。

重要事項説明の一般的な流れ

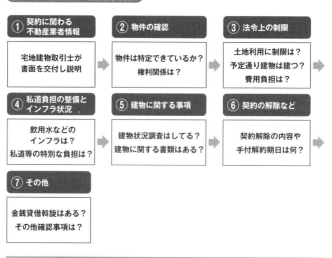

重要事項説明書の各ページの注意点

⌂ ①契約に関する不動産業者情報

重要事項説明書には、いろいろなフォーマットがありますが、一般的に1ページ目には、不動産仲介業者の情報が書かれています。説明を担当する宅地建物取引士等の免許番号や、所属協会、保証協会の内容等が記載されています。

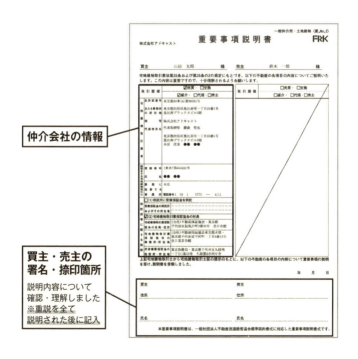

仲介会社の情報

買主・売主の署名・捺印箇所
説明内容について
確認・理解しました
※重説を全て
説明された後に記入

② 物件の確認

不動産の表示の部分で注意すべき点は、登記簿に記載されている面積についてです。測量図を根拠にした面積が記載されていますが、実際の面積と異なることがあるからです。重要事項説明書には、法務局に登記されている「地積測量図」か「確定測量図」なのかを記載するようになっていますが、適しているのは「確定測量図」という不動産の測量では一番精度が高いとされているものです。「地積測量図」は登記されている年代によって信頼度が大きく変わるので登記簿と実際の面積が違う場合は、なぜ違うのかを確認してください。

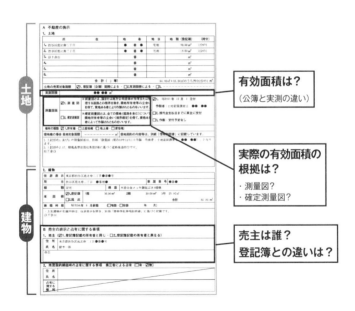

190

建物は、戸建てとマンションとでも違いますが、表示されている面積と登記面積は異なることがほとんどです。

　これは、マンションの場合は不動産面積の測り方が設計上は壁心計算で、登記上は内法計算になり違うので、基本的に面積が異なります。

　戸建ての場合、壁心で設計し登記もされるので、建物の面積が違うことはあまりありませんが、土地に関しては実際の面積と違う場合が多いので確認をするようにしましょう。

- 次に記載されるのは登記事項ですが、登記簿に記載された事項を「甲区欄」「乙区欄」に分けて記載します
- 甲区欄には所有権に関する事項、登記簿上の所有者が誰かを記載します
- 乙・区欄には、所有権以外の権利に関する事項です

　通常は借り入れ等について記載します。

　ここでの注意点は個人の方が売主の場合、売買金額を上回るような抵当権設定がされていないか、注意しましょう。将来的に抵当権が消せずに、決済できない可能性があります。当社で売買仲介を行う場合、売買金額よりも、抵当権の設定金額が高いと、売主に手付金を渡さず、仲介会社が一時的に預かっておく措置を取るケースもあります。

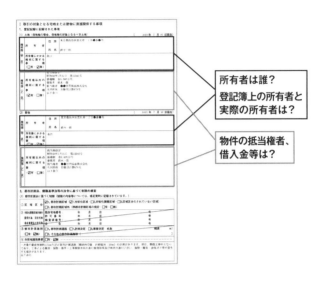

🏠 ③ 法令上の制限

　法令上の制限とは、どのような建物を建てるかに関する説明です。第１種低層住居専用地域から工業専用地域まであります。

　例えば、事務所を建てたい場合、低層地域では建てられなかったり、建てられる面積が決まっていたりします。また、地域ごとに建てられるものと建てられないものが詳細に決まっているので、確認しましょう。

　その他、建ぺい率・容積率の制限、建物の高さの制限等もあります。

　建てようとしている建物がこれらの法令に抵触していないかを確認する必要があります。

　道路についても確認が必要です。前面道路が建築基準法の道路に指定されているかが重要事項説明書に示されています。

また、公道なのか私道なのかの記載もあります。道路は建築基準法上の道路認定されていないと建築確認が取得できません。

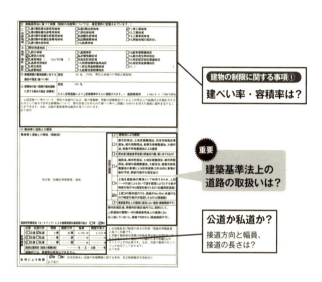

さらに道路は敷地に2m以上接道していることが必要です。敷地の前の道路がどのような規定に基づいているのか、法的に認められているのかについて確認する必要があります。

その次に、建物に関する制限として、建築基準法以外の制限や地区計画等がある場合について記載されています。

特に、東京都内では土地が狭いため、3階建て住宅を建てる際には日影規制や高度制限により、思うように建てられないケースもあります。

その場所特有の注意すべき事項は、法令を確認しただけではわかりにくいので、具体的な内容を仲介会社に確認してく

ださい。

大切なのは、細かい法令のなかで建物の建築に関することがなにかをピックアップして確認することです。土地を購入した後に、想像した建物が建てられないといった最悪の事態が起きないようにしたいものです。

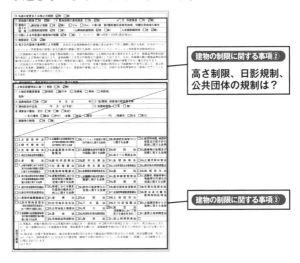

④ 私道負担の整備インフラ状況

第7章でも記載しましたが、私道負担とは、敷地内に私道部分が含まれているケースや敷地のほかに私道部分を別途保有または共有している場合のことです。敷地内に含まれている私道負担の有無とインフラ状況に関して書かれています。前面道路が私道だった場合は、それが持ち分のある私道なのか確認してください。道路に持ち分がなければ、私道通行、掘削承諾の取得が必須になります。持ち分がある程度の割合であれば問題は少ないですが、ない場合は注意しましょう。

見落としがちなのは、上下水道・ガスのインフラ部分です。

表面的には見えないので、道路の下に上下水道・ガスの公設管がきちんと埋設されているかを埋設管図で、しっかり確認してください。

また、前面道路にたとえ公設管があったとしても、元々建っていた建物の配管が利用可能であるかを確認しなければなりません。使えない場合、工事費用がどれくらいかかるか調べておく必要があります。

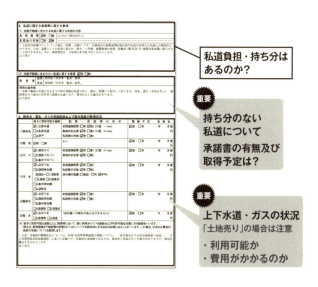

私道は持ち分に関係なく使用者が維持管理を行う事が一般的です。下水道やアスファルト舗装にかかる費用は、かなり大きな額になりますが、この費用は私道に面している人全員で費用を出し合います。行政からの補助金がある場合もありますが、1戸あたり10万～50万円程度、費用を負担する場合もあるので、ご注意ください。

⑤ 建物に関する事項

法律上、中古住宅は建物状況調査の有無を開示する義務があります。中古住宅の場合、建物状況調査を実施している場合、その内容が開示されることでかなりの安心感が得られます。

中古住宅において注意すべき点は、「検査済証」という当初の建築確認申請通りに建築し、完了検査を受けたかどうかを確認することです。この検査済証がないと、違法建築の可能性だけでなく、住宅ローン審査が通らないことも考えられることを念頭におかなければなりません。

建物状況調査の有無
（中古住宅）

建物に関する書類の有無
（中古住宅）

確認済証
検査済証の有無

⑥ 契約の解除等

契約を解除する事項には、手付放棄や手付倍返し等があります。

この項目では、契約した後でもお互いが契約を解除できることが明記されています。買主が契約を解除する場合は支払った手付金を放棄することで契約解除できます。一方で、売主が契約を解除する場合は、手付倍返しをすることになります。

ただし、売主が個人の場合と業者の場合では、解除の期日が異なるので、いつまで解除できるかを確認してください。

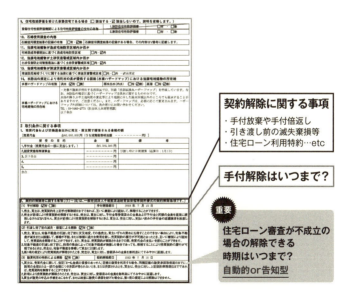

契約解除に関する事項
・手付放棄や手付倍返し
・引き渡し前の滅失棄損等
・住宅ローン利用特約…etc

手付解除はいつまで?

重要
住宅ローン審査が不成立の場合の解除できる時期はいつまで?
自動的or告知型

過去には、契約を締結した後に急に転勤を命じられ、契約を解除したケースがありました。契約解除の期限内であれば、手付金を放棄すれば解除が可能です。

　契約解除期間を過ぎると、違約解除となります。違約金の額は10％程度が多いですが、上限は売買代金の20％と定められています。期限や違約解除の請求手続きについて確認しておきましょう。

　次に、住宅ローンの解除について説明します。通常、住宅を購入する際には多くの人が住宅ローンを利用します。売買契約書には「住宅ローンの解除特約」が規定されています。ある期間内に借り入れする住宅ローンの審査を行い、ローンが不成立の場合は契約を解除できる旨が文面に記載されます。

　この際に注意すべきなのは、自動的に解除されるタイプと、告知しないと解除できないタイプがあることです。

　自動解除タイプでは、例えばローンが特定の期日までに通らなかった場合、買主は自動的に契約が解除されます。

　一方で、告知タイプでは期日までに告知すれば解除できます。期日を過ぎてからローンが通らなかった場合、手付金は戻らない可能性があるため、注意が必要です。

　住宅ローン解除に関する条件や期日、自動解除タイプなのか告知タイプなのかについては、事前に確認が必要です。

　ローンの融資条件に関して契約書を見ていくと、「金融機関」や「大手銀行」と記載されているだけで、銀行名が明記されていないことがあります。

　銀行名を記載しないリスクは買主希望の銀行でローン審査が否決された場合、次に売主からの指定の銀行でも審査するように依頼され、希望する金利優遇がとれなかったとしても

高金利の金融機関などで融資承認されればローン特約解除ができなくなることです。

　希望する条件や金利でないと買いたくないという方は、きちんと銀行名を明記しなければなりません。特にネット系銀行は金利が安いですが、物件の条件によってはローンが通らないこともあります。この点からも、希望する銀行が明記されているか確認してください。

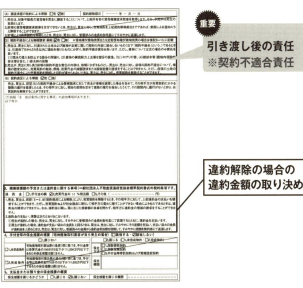

重要
引き渡し後の責任
※契約不適合責任

違約解除の場合の違約金額の取り決め

⑦ その他

引き渡し後の保障は重要です。一般的に、不動産を売却する際には売主に「契約不適合責任」が課せられます。これは最初に告知されていない物件の問題が引き渡しの後に明らかになった場合、正常な状態に戻すか、損害賠償責任が生じるかというものです。

契約不適合責任には範囲と期間が明示されています。売主が不動産業者の場合、契約不適合責任の期間は2年と定められています。個人の場合は期間を3カ月間などにすることが一般的なので、保障の期間には注意しましょう。

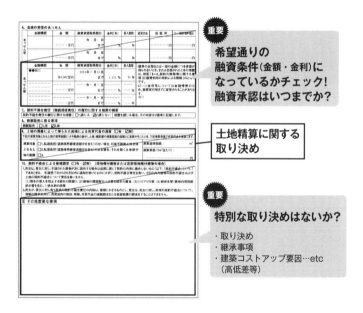

重要
希望通りの
融資条件(金額・金利)に
なっているかチェック!
融資承認はいつまでか?

土地精算に関する
取り決め

重要
特別な取り決めはないか?
・取り決め
・継承事項
・建築コストアップ要因…etc
(高低差等)

🏠 土地の面積について

不動産の取引は公簿（登記簿）面積で取引することが非常に多いですが、注意点があります。

「②物件の確認」でもお話ししましたが、登記簿の面積というのは正しくないことが多く、面積が変わった際の対応がとてもややこしいのです。

ここで問題になるのは、登記面積で取引をすると面積がかなりの確率で変わってしまう点ですが、特に面積が減ってしまう場合です。そこで、土地売買の際に面積が大きく変わった場合は、土地の面積を「清算する」という取り決めをして売買することがあります。

前もって現況を測量していても、土地の引き渡しの前に、隣接地との境界の立ち合いをした際に、隣地境界線が変更になり面積が減ることがよくあります。

特に都内は土地が狭いので、少しでも自分の敷地を広げたいという方も多いのか、この境界の立ち合いで境界線が変わり、面積が変わってしまうのです。

土地の面積が減少した際に、土地の面積を「清算しない」という取り決めになっていると、当然のことながら面積が減ったぶんだけ「損」をしてしまいます。

ですので、土地の面積に不確実な要素がある時には、必ず「土地の面積を清算する」という契約にしましょう。

土地の面積を清算する際には、土地面積が1㎡以上減ったら土地の単価で割り戻した金額を減額するという取り決めにする事が多いですが、もう一つ注意したいのは、面積が「増えた際に清算はしない」という取り決めをすることです。

土地面積が増えてしまった場合、その分が増額になる取り決めをしてしまうと、数百万円から一千万円以上も土地の金額が上がってしまう事があります。

　購入できる予算があれば問題ありませんが、多くの方の場合、購入が困難になってしまいます。

　通常、面積清算というのは、減少のみに限って取り決めをすることが多いですが、万が一、取り決めの文言が「面積が増減した場合」となっていると、面積が増えた際にも土地の価格を増額する必要がありますので、重要事項説明の文章には細心の注意を払う必要があります。

土地売買のポイント

公簿売買の注意点

1 公簿面積と実測面積の差異を把握する

2 境界が確定済みかなど、面積の不確定要素を確認する

3 土地の面積清算は増額をしない取り決めをする

　面積が変わる可能性がある場合と、そうでない場合の判断は非常に難しい内容になります。

　土地売買の際には、購入の前に不動産仲介会社に面積の増減があるか境界は決まっているかを具体的に確認することが大切です。

　最後にそのほかの重要な事項補足の説明事項があります。

「その他重要な事項」欄については、近隣との隣地境界の取

り決め事項や、隣地の配管がこちらに越境しているなどや、地盤の状況といったことを記載します。補足などは今まで本書で説明してきた事が細かく説明されていますが、重要事項説明書は通常、説明するのに2時間程度かかります。

　多くの場合、一度の説明だけではほとんど理解できないと思います。可能でしたら契約書と重要事項説明書は事前に説明を受け、じっくり読み込んでください。その上で契約に臨むようにすれば誤りは少なくなるでしょう。

補足的な説明事項

3
売買契約時に必要なもの

🏠 手付金や印紙、印鑑、本人確認書類を用意

売買契約書に必要なものについて解説します。

まずは手付金です。物件代金の5～10%が一般的です。これは不動産の慣習としての相場なので、決して決まっているわけではありませんが、その程度の金額を手付金として支払います。

手付金は契約時に売主に支払いますが、どのタイミングで支払うかは確認が必要です。

売買契約は、土日などの休日に行うことが多いと思いますが、休日は銀行の窓口が開いていないので、事前に振り込む場合や現金を用意して契約時に支払うケースも未だに多くあります。

契約書には印紙を貼りますが、物件価格によって印紙代が異なります。1万円・3万円・6万円の3種類あり、5,000万円以下は1万円の印紙、5,000万円超1億円以下の場合は3万円、1億円超から5億円以下は6万円です（2024年12月時点）。最近は電子契約も増えてきました。その場合、印紙は不要です。印紙代を節約したい場合は、電子契約が可能かを確認するようにしましょう。

ちなみに、不動産取引の慣習として買主の捺印は認印で構わないですが、売主は実印で捺印してもらうことが多いです。

本人確認書類は、免許証やパスポート等の顔写真がわかる

ものを用意してください。

🏠 公租公課等の清算

「公租公課等の清算」とは、固定資産税や都市計画税等の公租公課（税金）を清算することを指します。一般的な不動産取引では、これらの税金を売主と買主の間で清算し、マンションの場合は管理費などの清算も行います。

通常、公租公課は引き渡し日に清算されることが一般的です。引き渡し日の前日までは売主が負担し、引き渡し日以降は買主がこれを引継ぎます。東京都内では1月1日が起算日とされ、これを基準にして引き渡しの清算が行われることが多いです。

ただし、関西地区では4月1日を起点とするケースもありますので、地域ごとの規定を確認する必要があります。

土地売りの場合、建物解体時期によっては大幅に課税される場合があることに注意してください。これは、土地というのは建物がある場合と、建物がない場合で、固定資産税が大幅に変わるためですが、1月1日の時点で建物があるのか、それとも更地なのかは確認をするようにしましょう。

特約条項でチェックすべき事項

🏠 口頭ではなくしっかり書面化しておこう

　契約書に記載されている契約条項にはチェックすべき事項があります。

　契約書の内容に注意するのはもちろんですが、特別な条件を個々に設定しているケースがあります。その場合、契約書の末尾に特約条項が記載されていたり、別紙に重要な詳細情報が掲載されたりしていることが多いです。

　そのため、契約書を交わす前にはこうした特約条項等がないかを、仲介会社に事前に確認してください。口頭のみだと言った、言わないでトラブルになりがちですので、書面化する必要があります。

　以前、当社である地方の不動産会社の仲介をサポートしたことがあります。その際に庭木をどうするのか、ブロック塀は解体の際に取り外すのか等、不動産会社の担当者と話したところ、「それは更地にするからいいんだよ」と口頭で言われました。こうしたことも文書化しておかないと、後々揉める原因になります。

5 物件状況報告書と付帯設備表

🏠 トラブルを防ぐためにじっくり説明を聞こう

「物件状況報告書」と「設備表」は契約時に必ず取り交わしてください。

物件状況報告書には、この物件に関する境界に争いがないことや、近隣に嫌悪施設がないか、隣地との申し合わせ事項がないかが記載されています。

一戸建てだけでなく、マンションも同じで近隣とのトラブルがないかは確認しましょう。

中古戸建の売買においては、付帯設備についてエアコンや照明器具、庭木等について1つひとつチェックしていきます。現状で存在するか否か、故障していないかについて契約時に付帯設備表に記載することになっています。

そして、引き渡し前の直前に確認をして、これらが書類通りの状態かをチェックします。この書類がないと「照明は付いていないのですか」「エアコンはあるけれど壊れていますよ」と、1つずつ確認しなければならなくなってしまいます。

エアコンが前から壊れていたことが後になって発覚しないように、この契約書時点で壊れているものを認識し、整理して引継がなくてはなりません。

もし物件状況等報告書に「故障なし」と書いてあったにもかかわらず、契約して引っ越してみたら、壊れていることが発覚した場合どうなるでしょうか？　契約内容と事実が異な

るので、一般的には補修・修理義務を売主に負わせることができます。

　売主と買主のお互いのためにもチェックしてスムーズに取り引きを進めていくのが、本来の不動産仲介の仕事です。もしも設備表と物件状況報告書がない場合は、必ず備え付けるように仲介会社に依頼してください。

まとめ

☑ 宅地の有効面積、その根拠、境界の確定を明確にする確認が必要

☑ 道路が公道か私道かを確認しよう。私道の場合は私道承諾書や持ち分の有無を確認しよう

☑ 生活に不可欠なライフライン、特に上下水道やガスの埋設状況、実際に利用可能かどうかも確認しよう

☑ 手付金の放棄や住宅ローンの違約解除の条件、契約不適合責任や売主の責任範囲を確認しよう。個別の取り決め事項が存在するかも忘れずにチェックしよう

☑ 重要事項説明書には記載されていない項目に大事なことがある。例えばゴミ置き場、災害リスク、生活インフラ、近隣のトラブル等も確認しよう

☑ 契約不適合責任では、範囲と期限、不利益な契約条項になっていないか、契約書以外の協定書や引継書がないかについてチェックしよう

☑ 清算時のトラブルにならないように以下の点を確認しておきましょう
  ・土地の面積減少で清算するかどうか
  ・面積が減った場合のみの清算になっているか
    また、増えた場合に増額になっていないか
  ・何㎡以上の減少で、清算するか

☑ 中古住宅の不動産売買を行う場合は、物件状況報告書、設備表の2つは必須。言った、言わないというトラブルに巻き込まれないためにも、決まったことは口頭だけでなくしっかり契約書に盛り込んで書面化しよう。これにより売主も買主もお互いにストレスのない不動産取引が可能になる

おわりに

　最後までお付き合いいただき、ありがとうございました。

　本書を通して、住宅購入における注意点やトラブル回避方法をある程度ご理解いただけたでしょうか？

　ここ数年で、日本における住宅環境は大きく変化しました。私がこの業界に入った28年前は、専業主婦の方が大半で共働き世帯は少なかったのですが、2000年頃から女性の社会進出が拡大し、今では共働き世帯が夫婦のいる世帯全体の約7割を占めています。

　当社のお客様でも、8割が共働き世帯です。かつては「庭付き一戸建て」が人生の夢という時代もありましたが、最近では共働き世帯を中心に、「職住近接」や「子育て・教育環境」の確保など、住宅ニーズは大きく変化しています。

　また、少子高齢化の加速により、3人に1人が高齢者という時代になり、数年後には高齢者数は2人に1人になるとも言われています。人生70年時代から、今では人生90年時代、さらには100年時代もそう遠くないでしょう。

　これからは、「住宅」＝「住むためのもの」という考え方から、「住宅」＝「資産防衛策」という流れになるのではないかと考えています。

住宅は人生で1回購入すれば良いという時代は終わり、都心部では人生で2～3回買い替える方も決して珍しくありません。

　これからの住宅購入で注意すべき点は、現時点での資産価値だけでなく、将来その不動産が自分たち家族にどのような影響を与えてくれるのか、長期的な視点で考えることが重要です。

　そのためにも、10年後、20年後に人生の足枷になってしまうような不動産選択は避けなければなりません。

　だからこそ、消費者の皆様も、本書で紹介したような失敗談を繰り返さないために、ある程度の「知識武装」をしていく必要があるのです。

　この本が、皆様の輝かしい人生をサポートする一助となれば幸いです。

2025年 株式会社アドキャスト 代表取締役
**　　　　　　　　　　　　　　　藤森　哲也**

弊社のご紹介

- **社名** 株式会社アドキャスト

- **所在地** 〒150-0022
  東京都渋谷区恵比寿南1-25-1　恵比寿ブラックスビル5F
  電話番号 03-5773-4111　FAX番号 03-5773-4114

- **代表者** 藤森　哲也

- **ホームページ** https://www.ad-cast.info/

- **YouTube** ちょっと変わった不動産会社!?
  https://www.youtube.com/@-ad-cast

セミナーのお知らせ

アドキャストでは、住宅購入、住宅売却、不動産投資など、
不動産に関するセミナーを定期的に開催しております。

本書をご購入いただいた方限定で、
過去に開催した住宅購入セミナーの一部を公開いたします。

右記のQRコードからアクセスいただき、
必要事項をご記入いただくだけで、ご視聴いただけます。

公開期間は2026年3月31日までです。

セミナーお申し込み
QRコード

店舗案内（13店舗）

アドキャスト恵比寿店
東京都渋谷区恵比寿南1-25-1
恵比寿ブラックスビル5F

アドキャスト駒込店
東京都文京区本駒込6-25-6
イトービル駒込1F

アドキャスト高円寺店
東京都杉並区高円寺南4-44-6
ユンズビル1F

アドキャスト中延店
東京都品川区二葉4-1-20
MC中延ビル4F

アドキャスト錦糸町店
東京都墨田区江東橋3-9-7
国宝ビル7F

アドキャスト笹塚店
東京都渋谷区笹塚2-7-12
日神デュオステージ笹塚西館1階

アドキャスト等々力店
東京都世田谷区等々力3-9-5
T-STATION STYLE BUILD 1F

アドキャスト新宿店
東京都新宿区早稲田町74-5
中村ビル1F

アドキャスト蒲田店
東京都大田区蒲田5-15-1
VORT蒲田5F

アドキャスト三軒茶屋店
東京都世田谷区太子堂 1-12-23
三軒茶屋 GRAND 1F

アドキャスト池袋店
東京都板橋区大山町12-2
DT大山町1F

アドキャスト西荻窪店
東京都杉並区西荻北2-2-5
A*G 西荻窪1F-A

アドキャスト上野店
東京都台東区東上野2-5-15
日本住宅上野ビル6F

※2025年2月現在

本書の内容は、作成時点における情報を基にしています。
最新の情報につきましては、売買仲介の専門業者や監督する行政庁に直接ご確認を
お願い申し上げます。

装丁・本文デザイン	三國創市
執筆協力	長沼良和
編集協力	浅井貴仁（ヱディットリアル株式會社）
図版	ぷれす
イラスト	小林裕美子

著者プロフィール

藤森　哲也 （ふじもり　てつや）

株式会社アドキャスト 代表取締役

FP（日本FP協会認定）、1級ファイナンシャル・プランニング技能士（資産設計提案業務）、宅地建物取引士

株式会社アドキャスト代表取締役。23歳より不動産仲介売買業務に携わり始めてから約9年間で1,000件以上の不動産売買という成果を挙げる。その間にCFPを取得。2008年には株式会社アドキャストを設立し、現在では東京23区に13店舗展開中。株式会社アドキャストにおいては、不動産売買取り扱い7,000件以上。不動産売買とFPを融合したコンサルティングによって後悔のない不動産購入のサポートを行っている。著書に『わかる! 使える! 住宅購入塾』『50の失敗に学ぶ! 住宅購入塾』（ともに青月社）がある。

後悔しないためのマイホーム購入術

2025年4月24日　第1版第1刷発行

著　者		藤森哲也
発　行		株式会社PHPエディターズ・グループ
		〒135-0061　東京都江東区豊洲5-6-52
		☎03-6204-2931
		https://www.peg.co.jp/
印　刷		シナノ印刷株式会社
製　本		

©Tetsuya Fujimori 2025 Printed in Japan
ISBN978-4-910739-70-0

※本書の無断複製（コピー・スキャン・デジタル化等）は著作権法で認められた場合を除き、禁じられています。また、本書を代行業者等に依頼してスキャンやデジタル化することは、いかなる場合でも認められておりません。
※落丁・乱丁本の場合は、お取り替えいたします。